《新时代新农村建设书系》总编辑委员会

总主编：陆学艺
总编委（以姓氏笔画为序）：
　　　王　健　王　越　王义北　刘　涛　吴厚玖
　　　陈兴芜　罗小卫　曹锦清　谢金峰

总策划：罗小卫　陈兴芜

"十一五"国家重点图书出版规划项目

新时代新农村建设书系
社会主义新农村建设理论探索系列
中国五村启示录丛书

集体化与新农村

陕西王涧村个案研究

COLLECTIVIZATION AND
NEW COUNTRYSIDE
A CASE STUDY OF WANGJIAN
VILLAGE, SHAANXI PROVINCE

胡必亮　周敏丹　著

重庆出版集团　重庆出版社

图书在版编目(CIP)数据

集体化与新农村：陕西王涧村个案研究／胡必亮，周敏丹著. —重庆：重庆出版社，2017.2
（新时代新农村建设书系.中国五村启示录丛书）
ISBN 978-7-229-11983-6

Ⅰ.集… Ⅱ.①胡… ②周… Ⅲ.农业集体化—研究—商洛 Ⅳ.F321.2

中国版本图书馆 CIP 数据核字（2017）第 022686 号

集体化与新农村——陕西王涧村个案研究
JITIHUA YU XINNONGCUN
——SHAANXI WANGJIANCUN GE'AN YANJIU
胡必亮　周敏丹　著

责任编辑：叶麟伟
责任校对：李小君
装帧设计：刘　颖

重庆出版集团
重庆出版社 出版

重庆市南岸区南滨路 162 号 1 幢　邮政编码：400061　http://www.cqph.com
重庆出版社艺术设计有限公司制版
重庆市国丰印务有限责任公司印刷
重庆出版集团图书发行有限公司发行
E-MAIL：fxchu@cqph.com　邮购电话：023-61520646
全国新华书店经销

开本：720 mm×1 000 mm　1/16　印张：8　字数：115 千
2017 年 2 月第 1 版　2017 年 2 月第 1 次印刷
ISBN 978-7-229-11983-6
定价：34.00 元

如有印装质量问题，请向本集团图书发行有限公司调换：023-61520678

版权所有·侵权必究

本书有少量图片来自资料，尚无法与权利人取得联系。为维护权利人的合法权益，我社已将该部分作品在重庆市版权保护中心备案。请权利人知悉后与该中心联系，由其代为处理。
电话：023-67708231

内容提要

　　改革开放至今，在中国农村家庭联产承包责任制开展得如火如荼之时，曾有一些村庄因其独特的发展道路而成为"集体主义"的代名词。这些村庄有的从改革开放之初就毫不动摇地走一条共同富裕的集体化道路，坚持用集体的力量带领村民走向繁荣富强之路，如江苏省的华西村、河南省的南街村，而有的则先后经历了集体化、个体承包经营和再集体化的曲折道路，如陕西省的阳山庄村和王涧村。

　　陕西省商洛市的王涧村在新中国成立初期，在发展农业方面先后经历了农业合作化运动和人民公社运动，而在发展工业方面则成立了社队企业进行砖瓦生产；到改革开放初期，该村响应国家号召，在农业方面开始推行家庭联产承包责任制，在工业方面则以承包经营的方式大力兴办乡镇企业；而1999年新一届村领导班子的上任，开启了该村在工业方面的再集体化历程。

　　本书在对王涧村的集体化道路进行回顾和梳理的基础上，根据实地调研所掌握的资料，结合农业集体化相关理论以及国际经验教训和国内实践，对王涧村的乡村治理模式和集体化道路特点进行了探讨与分析，指出了其进一步发展所面临的问题和瓶颈，并据此提出了相应的政策建议。

　　在我国经济发展步入新常态之际，农村经济发展的速度、结构和动力必然也随之发生转变。以人口红利为支撑的经济增长达到饱和后，农村的发展和产业结构转型升级可能更大程度上需要依靠制度的转变来驱动。对于千千万万个自然资源匮乏的中国内陆村庄而言，与先天具有地理和资源优势的华西村相比，王涧村的乡村治理模式及其再集体化道路的实践经验很值得我们研究和参考。

　　本书可供我国县、乡(镇)、村党政干部以及广大农民群众阅读，也可供从事农业和农村发展问题研究的专业人士、大专院校相关专业师生阅读参考。

作者简介（一）

胡必亮 中南财经政法大学经济学学士、亚洲理工学院和德国多特蒙德大学联合理学硕士、德国维藤大学经济学博士、哈佛大学博士后。曾先后任美国东西方中心研究实习员、亚洲理工学院研究助理、世界银行驻中国代表处经济官员、法国兴业证券亚洲公司副总裁兼该公司驻北京首席代表和首席经济学家、中国社会科学院农村发展研究所研究员兼中国社会科学院研究生院教授和博士生导师、北京师范大学经济与资源管理研究院副院长、院长。现任北京师范大学教授、博士生导师，北京师范大学新兴市场研究院院长、"一带一路"研究院院长、南南合作研究中心主任。主要研究领域为农村发展、城镇化、新兴市场和"一带一路"。

1984年和1996年开始发表学术论文和出版学术著作。已出版个人独著作品《雁田新治理》（中国社会科学出版社，2012）、《工业化与新农村》（重庆出版社，2010）、《城镇化与新农村》（重庆出版社，2008）、*Village Economy in Central Thailand*（Bangkok: Thai Watana Panich Press Co.,Ltd.,2007）、*Informal Institutions and Rural Development in China*（London and New York: Routledge,2007）、《关系共同体》（人民出版社，2005）、《中国的跨越式发展战略》（山西经济出版社，2003）、《发展理论与中国》（人民出版社，1998）等11部；合著 *Chinese Village, Global Market*（New York: Palgrave Macmillan,2012）、《农村金融与村庄发展》（商务印书馆，2006）、《中国的乡镇企业与乡村发展》（山西经济出版社，1996）等。此外，还在国内外发表论文50多篇，给资本市场撰写英文分析报告100多篇，在《中国经济时报》开设"胡必亮专栏"两年多时间，撰写宏观经济评论文章近百篇。

研究成果曾两次获孙冶方经济科学奖（1994年两人合著，2006年个人独著）、1997年获国家图书奖提名奖、2008年以独著英文学术著作获第二届张培刚发展经济学优秀成果奖。此外，还曾获国务院农村发展研究中心"农村经济社会发展研究优秀成果奖"二等奖（1988）和三等奖（1989），3次（2000，2002，2006）获中国社会科学院优秀科研成果三等奖。

作者简介（二）

周敏丹 北京师范大学经济学博士。读博期间曾在美国加利福尼亚州立大学伯克利分校农业与资源经济系进行访问研究，现为中国社会科学院人口与劳动经济研究所博士后。主要研究领域为农业科技体制改革、农业创新与农业发展、新政治经济学，目前研究领域为创新与创业、劳动经济学。

主要代表作有《经济增长是否促进官员晋升？——基于广东省地级市数据的经验研究》（《劳动经济研究》，2016年第2期）、《经济发展、对外开放与专利保护强度》（《经济学动态》，2015年第12期）、《地市级官员交流与地方经济发展——基于广东省(1988—2009)的经验研究》（《南方经济》，2012年第10期）。其论文曾在广东经济学会2012年岭南经济论坛中获得优秀论文奖，主持的课题"中国农业科技体制改革、农业技术变迁与农业发展"获得中国博士后科学基金第60批面上项目一等资助。

总 序

党的十六大以来,党中央提出了科学发展观、构建社会主义和谐社会两大战略思想,这是指引我们在新世纪新阶段继续推进改革开放、积极推动经济发展和社会全面进步、建设中国特色社会主义现代化事业的总方针。党的十六届五中全会提出了推进社会主义新农村建设的重大历史任务,这是贯彻落实两大战略思想的体现。从国家当前面临的经济社会形势全局看,我国的经济建设,工业化、城市化发展已经取得了举世为之瞩目的巨大成就,相形之下,我国的农业还比较脆弱,农村还比较落后,农民还比较贫苦,所以在"十一五"及今后一个相当长的时期内解决好"三农"问题,仍然是我们工作的重中之重。好在经过多年的努力,我们现在已经创造了解决好"三农"问题的条件。胡锦涛同志指出:现在"总体上已经到了以工促农,以城带乡的发展阶段,我们顺应这个趋势,更加自觉地调整国民收入分配格局,更加积极地支持'三农'发展"。胡锦涛同志的这个判断是完全正确的,提出的方针也是完全正确的。近几年,各级党委和政府以及相关部门执行了这个方针,采取了多项支农、惠农政策,增加了对"三农"的投入,减免了农业税,给粮食直接补贴,大力发展农村的教育、科技、医疗卫生等社会事业,建立农村最低生活保障制度,等等,已经取得了立竿见影的成效。最近三年,是新中国成立以来,农业、农村发展形势最好,农民得到实惠最多的时期之一。但是,我们也应该看到,我国的农业和农村结构已经进入了要进行战略性调整的重要阶段,面对农村经济社会正在发生的急剧深刻的变化,农业、农村发展面临着种种矛盾和挑战,要解决的问题千头万绪,需要党和政府的各级干部、各行各业的同志们，以及各界人士都来关注"三农"、研究"三农"、支持"三农"，为解决好"三农"问题出谋划策、贡献力量，把社会主义新农村建设好，这既是9亿农民的殷切期盼，也是21世纪中国在世界崛起的最重要的基础和力量源泉。

重庆出版社的领导和同志们，正是认识到党中央提出推进社会主义新农村建设战略的重要意义，心系"三农"，经过酝酿，决定策划组织出版一套《新时代新农村建设书系》，为推进社会主义新农村建设，为广大农村干部和农民提供丰富的精神食粮和强大的智力支持，我认为这是一件很有意义、很值得支持的好事。

《新时代新农村建设书系》按照中央提出的"生产发展、生活宽裕、乡风文明、村容整洁、管理民主"的建设社会主义新农村目标要求组织编写，内容涵盖农村政治、经济、文化、社会建设与管理和农业科技等方面，分为社会主义新农村建设理论探索、劳动经济技能培训、新型农民科技培训与自学、生态家园建设、乡村文化与娱乐、民主与法制、健康进农家等系列，每个系列由几套小丛书组成，从2007年起陆续出版。它旨在帮助县（市）乡（镇）各级干部更新观念、开拓思路，提高建设社会主义新农村的理论水平和决策能力；帮助广大在乡务农农民和进城务工农民掌握先进适用技术，提高科学文化素质，增强致富能力，增加经济收入，提高生活质量，造就有文化、懂科技、会经营的新型农民，为加快农村全面小康和现代化建设步伐作出应有的贡献。

这套书系有三个主要的特点：一是理论密切联系实际，紧扣新农村建设中的热点和难点研究问题，具有创新性和启发性；二是面向现代农业和国内外大市场，介绍新观念、新知识和新技术，具有先进性、实用性和可操作性；三是门类多样，形式活泼，通俗易懂，图文并茂，具有可读性。我认为从理论与实践的结合上，从读者的阅读需求上做这样的设计安排是比较合乎实际的。

建设社会主义新农村是一项长期而艰巨的任务，前进道路上要解决的问题还很多，因此，加强对社会主义新农村建设的理论研究十分重要。比如现代农业建设、农村体制综合改革、农业土地产权制度改革、农村金融改革、农业科技创新与转化、农民专业合作经济组织建设、贫困山区的脱贫致富、农村生态环境建设、农村民主政治建设等若干重大的理论问题和实践问题都有待进一步深入研究；同时，及时总结新农村建设中的经验教训，积极探寻新农村建设的各种模式，以及弄清城镇化与新农村建设、全球化与新农村建设、工业化与新农村建设等之间的关系，等等，都是很有必要的。

农民是建设新农村的主体。他们对享受丰富多彩的精神文化生活，掌握先进的科学技术，勤劳致富，建设幸福美好的家园有着强烈的渴求。本书系如能为满足农民朋友的这些多种多样的需求奉献涓滴力量，当是编委、作者和出版者都感到欣慰的事。

我殷切地期望本书系的出版将受到从事新农村建设的广大农民朋友和农村基层干部的欢迎，对推进新农村建设的政府部门领导干部、从事"三农"问题研究的学者和一切关心新农村建设的社会各界人士也有所启发，在推进社会主义新农村建设中发挥积极的作用。希望大家多提宝贵意见，并惠赐佳作。

中国社会科学院荣誉学部委员
中国社会学会名誉会长
中国农村社会学研究会会长
2007年清明于北京

前　言

　　从中华人民共和国成立初期至今，中国农村的集体化道路经历了曲折的发展历程。从20世纪50年代初期开始的农业合作化运动，到始于50年代末期的人民公社化运动，再到70年代末推行的家庭联产承包责任制和80年代末乡镇企业的异军突起，对于中国广袤土地上的千千万万个村庄来说，它们大多数都有着这些共同的"记忆"。对于大多数的中国农村而言，集体化道路的发展历程是相似的，然而，也有一些例外。比如，江苏省的华西村和河南省的南街村，面对着在全国开展得如火如荼的家庭联产承包责任制，它们不为所动，仍然坚定地选择走一条集体主义的共同富裕之路。与此同时，也有另外一些村庄，它们并非从一开始就选择坚持走集体化道路不动摇，而是先后经历了传统集体化、个体承包经营和再集体化的曲折发展路径。这些村庄经历了更多的尝试和探索，最终才找到一条适合自己的发展道路。本书所研究的陕西省商洛市的王涧村就属于后一种情况。王涧村的再集体化道路有何特点？它目前存在哪些问题？其再集体化道路对于其他村庄是否具有借鉴意义？这些正是本小书所要探讨的主要问题。

　　这本小书对王涧村的集体化道路发展历程进行了回顾，对集体主义的内涵和特征、起源和演化进行了梳理，介绍了农业集体化理论的起源、发展及其中国化，从国际经验教训和国内实践两方面介绍了集体化道路的实践和发展历程，并试图从"王涧村现象"分析我国社会主义新农村建设时期乡村治理模式类型和集体化道路的特色及其面临的问题，同时提出对策，以期对新农村建设理论和实践有所贡献。

　　我们认为，王涧村的集体化道路是以中国农村的集体化实践历程为历史背景的，因此，需要将王涧村的发展道路放入中国农村集体化历程的历史框架中进行分析。

首先，从中国的现实来看，本书将"王涧村现象"放到了中国集体化道路的历史进程中，从更普遍的意义上进行了研究和分析。王涧村的集体化道路历程虽然不像华西村、南街村等"明星村"那样具有鲜明的特色，但它的发展历程可能更加具有普遍性和借鉴意义，因为并非每个村庄都有像吴仁宝和王宏斌这样的乡村精英，也并非每个村庄从一开始就能找到适合自身的发展道路和模式，中国的大多数村庄是如王涧村一般地处中国内陆、自然资源较为匮乏的普通村落。

其次，从理论上讲，本书结合"王涧村现象"对集体化道路和乡村治理模式进行了总结，进而提出了不同于新集体主义和后集体主义道路的再集体主义道路，为进一步深入研究我国农村集体主义的发展模式提供了一些基本思路。

最后，本书以王涧村为例，指出了在新的历史条件下该村可能面临的发展瓶颈，并针对这些问题提出了相应的政策建议。

这项研究得到了许多人的支持和帮助，其中最重要的当然要数王涧村的干部和广大群众了，包括20世纪90年代的村党支部书记龙景荣和村委会主任鱼益民，进入新世纪后的村党支部书记鱼学理，村委会主任房军峰、李正杰，村委会会计张安民，以及现任的社区居委会党支部书记鱼学峰、李振良，社区居委会主任李金曹等；还有商洛市政协副主席张永平、杨峪河镇党委书记王鸿炜对此研究一直给予直接指导，我们深表谢意。实地调查期间，王栓牛先生自告奋勇地担任总指挥，在王侃民、房修身、朱有民、李倩倩、李崇喜、鱼建良、鱼建如、鱼学文、汪富贵、牛栓曹等村民的协调配合下，我们圆满地完成了在王涧村的调研任务；刘倩和来自法国的摄影师罗鸿（Laurent Hou）提供了实地照片，为本书增色不少；重庆出版集团对本书的出版给予了大力支持，在此一并致以衷心的感谢。

胡必亮　周敏丹
2016年10月于北京

2016年3月,商洛市常务副市长李豫琦、市政协副主席张永平等与参加王涧村实地调研的胡必亮教授及其所带领的外国留学生合影(罗 鸿 摄)

目 录 Contents

总序
前言

一 引言　1

二 王涧村的基本情况　3
　　（一）地理位置　3
　　（二）自然环境　4
　　（三）历史溯源　5

三 王涧村集体化道路的实践与发展　7
　　（一）王涧村农业集体化道路　7
　　1. 王涧村土地改革的历程　7
　　2. 王涧村农业合作化运动和人民公社化运动　8
　　3. 家庭联产承包责任制的实行　11
　　（二）王涧村乡镇（村办）企业的建立和集体化发展历程　13
　　1. 王涧村乡镇（村办）企业的建立与发展　13
　　2. 王涧村乡镇（村办）企业的集体化历程　16

四 不同时期王涧村的就业结构与收入状况对比　20
　　（一）研究方法　21
　　（二）农户家庭主要就业时间的变化　22
　　（三）农户家庭收入来源与收入结构的变化　26
　　（四）农户家庭增收状况与收入差异　28
　　1. 农户家庭收入分布状况　28
　　2. 农户家庭收入差距及其来源的比较　32
　　（五）一点启示　37

目 录

五 "集体主义"溯源及其内涵与特征 39
（一）"集体主义"溯源 39
（二）集体主义的内涵 41
（三）集体主义的特征 43

六 集体主义的演化 46
（一）新集体主义 46
1. 新集体主义的产生与确立 46
2. "集体"的新含义 48
3. 新集体主义的含义 49
4. 新集体主义的特征 50
（二）后集体主义 52
1. 后集体主义的产生 52
2. 后集体主义的含义和特征 54
（三）集体主义在中国的发展 55

七 农业集体化理论的起源、发展及其中国化 59
（一）马克思和恩格斯的农业集体化思想 59
（二）列宁的合作社思想 62
（三）斯大林的农业全盘集体化思想 65
（四）毛泽东的农业合作化思想 67
（五）邓小平的农业集体化思想 73

八 集体化运动的实践 76
（一）国际经验和教训——苏联的农业集体化运动 76
（二）集体主义在中国农村的实践与发展 82

目 录 Contents

1. 土地革命　83
2. 农业合作化运动　84
3. 人民公社化运动　88
4. 家庭联产承包责任制　90
5. 乡镇企业的异军突起　94

九　从王涧村看我国社会主义新农村建设时期的乡村治理模式和集体化道路选择　97

（一）"王涧村现象"　97
1. 王涧村的乡村治理模式——集体主义下的能人经济　97
2. 王涧村集体化道路的特点——再集体化道路　98
（二）王涧村乡村治理模式和集体化道路选择所面临的问题　101
1. 王涧村乡村治理模式所面临的问题　101
2. 王涧村集体化道路所面临的问题　102
（三）政策建议　104
1. 乡村治理模式的完善　104
2. 集体化道路的进一步发展　105

十　结语　107

参考文献　109

一 引 言

中国的改革始于农村，农村的发展和繁荣是中国经济快速发展的基础和保障。2005年10月8日至11日，中共十六届五中全会在北京召开，会议通过了《中共中央关于制定国民经济和社会发展第十一个五年规划的建议》，提出建设社会主义新农村的伟大历史任务。2005年12月31日，《中共中央 国务院关于推进社会主义新农村建设的若干意见》公布，指出："'十一五'时期是社会主义新农村建设打下坚实基础的关键时期，是推进现代农业建设迈出重大步伐的关键时期，是构建新型工农城乡关系取得突破进展的关键时期，也是农村全面建设小康加速推进的关键时期。"如今，"十一五"和"十二五"的历史任务业已完成，"十三五"的历史帷幕已经拉开，社会

伫立于王涧村一角的宣传牌（罗 鸿 摄）

2012年8月，胡必亮及其研究团队在王涧村实地调查

2016年3月，胡必亮及其研究团队在王涧村实地调查（罗鸿 摄）

2016年3月，胡必亮教授带领亚非拉发展中国家的留学生到王涧村实地调查（罗鸿 摄）

主义新农村建设迈入了一个新的历史阶段，推进农业现代化成为新时期社会主义新农村建设的主要任务。

在中国经济迈入新常态、刘易斯拐点来临之际，"十一五"和"十二五"时期社会主义新农村建设取得了怎样的成果？我国广大农村地区的面貌发生了哪些重要的改变？农民的生活条件是否有了明显改善？"十三五"时期的社会主义新农村建设任务应当怎样开展，又面临着哪些瓶颈？……带着这一系列问题，本书笔者之一的胡必亮教授及其研究团队在近几年重新走访了20多年前曾经调查访问过、分别分布在我国东、南、中和西部的5个村庄，对这几个村庄20多年来的发展状况作了进一步追踪访问，并对这些村庄的发展道路和发展模式进行比较和总结，以期从中找到一些特有的现象和规律。

位于陕西省商洛市商州区杨峪河镇的王涧村[①]便是胡必亮教授调查的这5个村庄之一。胡必亮曾经于1993年11月在该村进行实地调研，研究深入到该村的地理、历史、正式和非正式制度、乡镇企业的创办和发展等各个方面，并将研究成果付梓出版（胡必亮，1996）。近20年后的2012年8月，在"十二五"规划进入第二个年头，胡必亮带领研究团队一行11人又一次对该村进行跟踪访问，这次的调研主要以调查问卷和座谈形式进行，收获了不少新的一手资料。与其他村庄相比，王涧村在集体化道路的实践与发展方面表现出较为突出的特色，因此本书将研究视角聚焦于村庄的集体化。在书中，笔者通过探析王涧村集体化道路的发展历程以及回顾国内外农业集体化运动的实践历程，试图总结出一些具有普遍意义的特点并在新农村建设理论上有所创新，期望该书对我国内陆地区广大农村的集体化发展道路和乡村治理模式具有一定的借鉴意义。

---

① 同"王垌村"。

二　王涧村的基本情况

笔者认为，王涧村的集体化历程有其自身独特之处。在村领导的带领下，它先后经历了集体化、个体承包经营和再集体化的历程。为了更好地理解王涧村的再集体化道路，我们首先对该村的基本情况作一个简单的介绍，然后再讨论王涧村的集体化道路实践历程[①]。

（一）地理位置

"在秦岭的南坡，有一个地方叫商洛。那里的小路牵引着无数山峰走过，那里的清泉流淌着世代耕读的传说，那里的白云开放了万千美丽的花朵，那里的山歌唱出了祖辈梦想的生活。"我国当代著名作家贾平凹先生在歌曲《秦岭最美是商洛》的歌词中用这样的语言来描述他的家乡——陕西省商洛市。商洛市位于陕西省东南部，秦岭东段南麓，是鄂、豫、陕3省的交会处，因其境内有商山和洛水而得名。

新建的高速公路穿村而过（罗　鸿　摄）

---

① 尽管王涧村已于2015年与附近的上赵塬村和谢塬村合并为新的社区，现属谢塬社区居委会，但为了方便比较和深度探讨，我们仍然对王涧村予以单独研究。

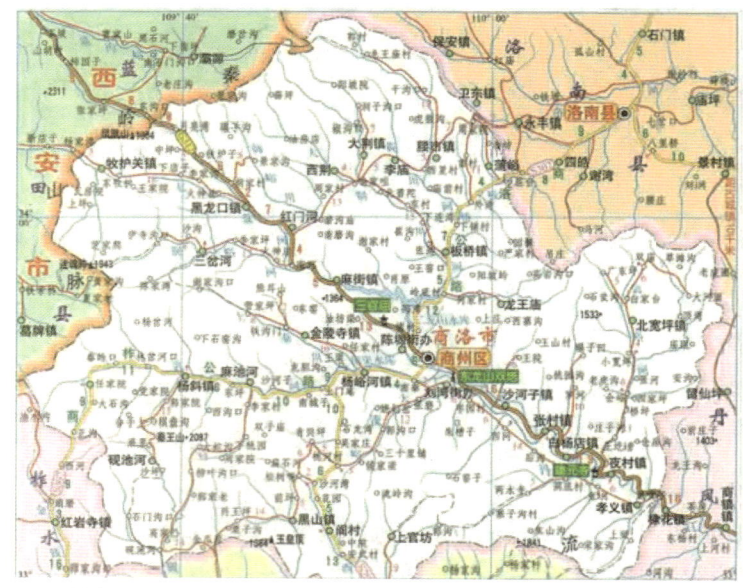

王涧村隶属于杨峪河镇，离商洛市区很近

王涧村位于商洛市的西南角，行政建制隶属于商州区的杨峪河镇，地处商州城南大约4千米处，沪陕高速和203省道穿村而过。它交通便利，环境优美，地理位置较为优越。

(二) 自然环境

村前的小北山、南秦河与田间蔬菜大棚（罗 鸿 摄）

王涧村地处低山河谷栽培植被区（海拔1 200米以下），它的前后被群山所包围，村前有座小北山，村后有座南山。两山之间有条东起刘峪河、西至南秦水库的狭长川道，而王涧村就坐落在这条川道的中段。在村前的小北山脚下，有一条名叫"南秦河"的河流流经该村，在龟山汇入丹江河，它是这一地区的主要水源。2012年该村有7个村民小组，275户846人，耕地

面积441亩[①]。从农业生产历史上看，王涧村的主栽农作物为玉米、小麦、高粱、大豆、油菜等，现在基本上没有人种植小麦和油菜了，但还有少量的玉米和大豆种植，一些土地已出租给专业大户去种植蔬菜、核桃和中药材了。

（三）历史溯源

王涧村的历史可以追溯到明朝时期。14世纪中叶，为了维护明王朝的封建统治，明太祖朱元璋组织了中国历史上一次规模最大、历史最久的移民迁徙行动，史称"洪武移民"。伴随着一次又一次移民浪潮的到来，一首生动形象的民谣在我国很多地方流传开来："问我祖先何处来，山西洪洞大槐树。祖先故居叫什么，大槐树下老鹳窝。"于是，山西省洪洞县一棵普通的大槐树，承载了数十代炎黄子孙对于故土家园的集体追忆。

在这些来自山西省洪洞县大槐树下的移民中，有1对姓王的兄弟来到了商州古城。他们不像其他移民那样选择在城里谋生，而是来到了现在王涧村所在的地方，

王涧村是坚果核桃和中药材丹参、柴胡、黄芩等的盛产之地，素来享有"核桃之都"和"天然药库"的美誉（上：罗鸿/下：刘倩　摄）

---

① 1亩=666.7平方米。

山西洪洞古大槐树

大槐树移民考证

王涧村鸟瞰图（罗 鸿 摄）

决定扎根土地，自食其力。于是，他们在南秦河边建起了房子，开始对这片肥沃的土地进行努力开拓。王氏兄弟成为了这片土地的第一批移民和最早的开发者，王涧村也因此而得名（胡必亮，1996）。

继王氏兄弟之后，在不同的历史时期，又相继有杨姓、李姓、鱼姓、房姓、张姓、周姓、何姓、刘姓、赵姓、史姓及龙姓家族先后移居到这里开荒辟地。他们根据到来的先后次序和土地的肥沃程度选择定居和耕作的地点，先到者占据了较为肥沃和容易开发的土地，后来者由于已经没有了大片可供开发的土地，而不得不安插在先到者的中间，从而形成了王涧村现在的土地分布状况和家庭宗族结构（胡必亮，1996）。

王涧村前的小北山和南秦河（罗 鸿 摄）

三 王涧村集体化道路的实践与发展

关于王涧村的集体化道路实践历程，可以分别从农业集体化道路和农村工副业的集体化发展历程两个方面展开介绍。

（一）
王涧村农业集体化道路

1. 王涧村土地改革的历程

由于位于平川地区，王涧村的土地集中度不高。自清末至1949年7月商县（商洛市当时建制）解放前，王涧村的地权关系表现出以自耕农为主的特征，而地主、富农和雇农所占比例都比较小，均不超过当时农户总数的10%（胡必亮，1996）。

农民拥护"减租减息"游行

1949年7月商县解放后直至1951年8月，王涧村农民在中国共产党的领导下，克服了灾荒、恶霸势力的干扰以及赋税较重的困难，开展了大生产运动，没收地主财产，同本村地主恶霸势力作斗争，并实行了减租减息的政策。两年间，这些工作都取得了重大进展，同时也为随后的大规模土地改革运动奠定了群众基础。

从1951年9月开始，王涧村的土地改革工作得到了全方位开展。随着土改的进行，王涧村地主、富农与贫雇农之间的债权债务关系被强制性废除；地主的田地和财产被没收并分给了没有土地的农户；政府在"查田定产"之后对新的地权关系给予了确认，并给农户发放了地权证，为土改的成果提供制度性的保障。

2. 王涧村农业合作化运动和人民公社化运动

土地改革后，由于土地资源极其有限，加上生产工具和资金的短缺，王涧村大部分农民仍未摆脱贫困状态，小农经济的发展仍然停滞不前；加上移民地区长久以来形成的互相帮助和扶持的合作精神与历史传统，以大规模合作为主要内容的集体化运动在王涧村如火如荼地开展起来。

历来，王涧村在农业生产中面临劳动力短缺的问题时，都是通过换工的方式加以解决。这种状况一直持续到1953年变工队正式成立，才将这种传统的农耕合作方式加以制度化。同年，具有合作精神的王涧村村民又在变工队的基础上成立了互助组，其合作形式是：各户仍然独立经营，生产资料仍归私人所有，但相互间调剂使用，劳动力则实行统一协调换工（胡必亮，1996）。

到了1954年3月，王涧村在吸收多个互助组的基础上开始组建初级农业生产合作社——黎明农业生产合作社。其原则是：生产资料仍属私人所有，土地通过入股形式实行统

农民报名参加农业合作社

农民参加合作社劳动

一经营,产品统一分配,分配方式为"按劳分配"和"按资分配"相结合。

1955年7月31日,毛泽东在中共中央召开的省、市、自治区党委书记会议上作了《关于农业合作化问题》的报告,号召大家积极热情、有计划地领导农村中的合作化运动。为了响应毛泽东的号召,商县于1956年在原初级农业生产合作社的基础上,建立起了第一批高级农业生产合作社,其中的黎明高级社是由王涧村和其他两个村一并组成。其原则是:土地全部转归高级社共同所有,取消土地报酬;各种生产资料被估价入社,成为合作社的公共财产;社员实行统一劳动、统一经营和统一分配;农民被明确禁止从事任何私人经济活动。在王涧村,村民加入高级社主要通过4种方式:10%的村民由初级社转来,50%的村民从常年互助组转来,25%的村民从临时互助组转来,15%的村民从单干直接转来。在王涧村村民的入社过程中,有不少于20%的村民是在村领导的多次说服下,才勉强同意"自愿"入社的(胡必亮,1996)。

1957年夏天,由于入社后经济收入不如以前,高级社的规矩也较多,导致大量社员要求退出高级社,由此引发了一场规模较大的退社风潮。针对此现象,商县人民政府于1957年9月对高级社的生产管理计划和收入分配方案进行了调整,使社员收入得到了基本保障,退社风潮才逐渐平息。

农民在公共食堂吃饭

公共食堂兴办时的场景

1957年7月开始，王涧村所在的黎明高级社也和全国其他地方一样，办起了公共食堂。黎明高级社的公共食堂维持了不到3年。到1959年，由于粮食短缺，很多村民因饥饿而得了浮肿病，公共食堂不得不停办。

1958年8月，在中共中央《关于在农村建立人民公社问题的决议》的号召下，当时的商县人民政府迅速将全县809个高级社合并成了19个人民公社。王涧村所在的黎明高级社与附近其他十几个高级社合并成立了金陵寺人民公社（胡必亮，1996）。同年8月，中共中央在政治局扩大会议上通过了《全党全民为生产1 070万吨钢而奋斗》的决议，从此在全国范围内掀起了轰轰烈烈的全民大炼钢铁运动。此后，农民的劳动重心也由农业生产转向大炼钢铁，加上各级领导在经济工作中采取的"大跃进"指导思想，导致生产活动急于求成、不讲效益，农业生产也受到很大影响，造成了农业歉收的严重后果。由于农业歉收造成的粮食供应短缺，使王涧村经历了从1959—1961年的"三年困难时期"。在此期间，由于口粮不足，人们不得不靠吃野菜、树皮等度日。但较为特殊的是，王涧村的"三年困难"不是由于自然灾害引起，而很大程度上是人为因素造成的，是集体化运动的直接后果。这种局面一直持续到1961年下半年，中共中央纠正了认识上的偏差，降低了集体化程度，逐步确立了"三级所有，队为基础"的人民公社

"大跃进"中的"浮夸风"

"三年困难时期"

体制,并将这种体制一直持续到20世纪80年代初家庭联产承包责任制的确立。

此时,黎明高级社也于1962年3月被分为金陵寺公社中3个独立的大队:王涧大队、谢塬大队和上赵塬大队。在确立了"三级所有,队为基础"的人民公社体制后,农民的生产积极性较之以前有了很大的提高,王涧村村民大力发展农业,扩大种植面积,最终才逐渐走出"困难时期"。

3. 家庭联产承包责任制的实行

20世纪70年代末至80年代初,家庭联产承包责任制在广大农村地区的确立是我国农村土地制度改革的一个重要转折点,这项制度一直持续到了今天。家庭联产承包责任制的核心内容是包产到户,后来发展为包干到户。这一制度的实施,在确保土地所有权仍归集体所有的情况下,将土地的经营管理权重新交回到了农民手中,并且以制度的形式对其加以确认,这大大调动了广大农民的生产积极性。在王涧村,1979年开始试行包产制,先"联产到组",然后以联产的小组为基本单位将原来的4个行政小组细分为7个,并于1981年推行"包干到户",以家庭单位来划分责任田,在分配上实行"交够国家的,留足集体的,剩下的全是自己的"(胡必亮,1996)。在实行了家庭联产承包责任制后,农民得到了生产和经营的自主

王涧村农民在地里劳动

权,生产的积极性被大大地调动起来,王涧村的农业生产取得了很大的丰收,村民的生活水平也得到了较大改善。家庭联产承包责任制显示出巨大的优越性和旺盛的生命力,符合当时我国农村的生产力水平和发展要求。但是,由于王涧村的土地资源本身就比较有限,在分田到户实行家庭联产承包责任制之后,土地的细分化程度大大提高,这种分散化的经营不利于农

改革开放后,人民生活水平提升与城镇化进程加速推进直接促成了对砖瓦的大量需求,王涧村的瓦厂和机砖厂正是在这一背景下得以快速发展(罗 鸿 摄)

业的机械化耕作，抗御自然灾害的能力也较低，这也是我国广大农村地区在实行责任制30多年后所共同面临的一个棘手问题。

（二）王涧村乡镇（村办）企业的建立和集体化发展历程

人民公社解体后，原社队企业于1984年正式更名为"乡镇企业"。乡镇企业是在农民"离土不离乡，进厂不进城"的二元经济结构背景下发展起来的。乡镇企业带有明显的集体性质，它不仅是一个地域性的概念，更是一个产权所属概念。乡镇企业包括乡（镇）所属企业、村办企业等。乡镇企业的民营化转制始于20世纪90年代中期，到21世纪初已基本完成。

1. 王涧村乡镇（村办）企业的建立与发展

王涧村的乡镇企业都是村办企业，以生产砖、瓦为主。该村的第一个砖瓦厂——黎明砖瓦厂始建于1959年。当时一位外村来的移民发现当地的土质比较适合生产砖瓦，且王涧村地理位置优越，交通便利，附近也没有其他砖瓦厂与之竞争，预计砖瓦的需求量会比较大。因此，他在征得当时黎明高级社的干部与社员同意之后，从自己的家乡请来了一位制作砖瓦的师傅，于1959年5月开办了王涧村的第一个砖瓦厂，取名"黎明砖瓦厂"。

黎明砖瓦厂成立后，马上投入生产和销售，并于当年年底取得了不错的收入，这笔钱大部分被作为集体公积金使用了，村民第一次从社队企业中尝到了甜头（胡必亮，1996）。

由于砖瓦厂的经营状况比较好，为了进一步扩大生产规模，黎明高级社又于1962年在王涧村建起了第二个砖瓦厂，其产权归黎明高级社集体所有。当黎明高级社于1962年被划分成

王涧村的瓦厂

王涧村的机砖厂（刘 倩 摄）

金陵寺公社的王涧大队、谢塬大队和上赵塬大队3个大队时，原归黎明高级社所有的2个砖瓦厂被转为3个大队共同所有，共同协商使用。1975年，王涧大队用一部分土地与谢塬大队置换了其对2个砖瓦厂的所有权。从此，砖瓦厂只为王涧大队和上赵塬大队共同所有了，且王涧大队拥有其2/3的所有权。此后，上赵塬大队在获得了独立核算的权利后，自己又单独新建了1座砖瓦窑，减少了其对先前2口窑的实际使用次数。由于使用时间过长，分别于20世纪五六十年代建立的2座砖瓦窑的生产能力已经大大下降。到了1978年，第一座窑已经完全不能使用了，另外一座窑经过修缮后才勉强维持其生产能力，但仅仅1座砖瓦窑已经很难满足王涧村当时对砖瓦生产的需求。

于是，1980年冬，王涧村一队又单独新建了1座砖瓦窑，其产权属于王涧村一队集体所有。此后，其他生产队陆续用集体的力量又新建了几座砖瓦窑，并添置了一些制砖设备。1985年，村集体筹集资金6万元左右，添置了1台制砖机和一些辅助设备，在村里新建了1个机砖厂，以壮大集体经济和提高村民收入。截至1993年底，王涧村已经前后建立起了5个规模不等的砖瓦厂和1个机砖厂，该村逐步形成了以生产、加工和销售砖瓦为龙头产业的工业经营体系。

1999年，随着村里领导干部的换届，王涧村乡镇企业的经营方式也发生了一个历史性的变化。新上任的村支书用集体资金把原先由私人经营的砖厂承包下来，由村集体经营（村干部管理），并承诺每年给集体上缴纯收入13万元，而村支书和村长则实行工资制，平均每人领取工资12元/天。村支书介绍说，之所以萌生将砖厂收回集体经营的想法，是通过去河南南街村和江苏华西村考察后，切身感受到了集体力量的强大，同时也学到了许多宝贵的经验，他想模仿南街和华西的模式，带领大家走一条集体致富的道路。而让他对这一选择满怀信心的原因，源自承包经营时期作为个体户的他在全村首先富起来的成功经历。当然，更为重要的是一颗为集体谋福利的公仆之心和敢作敢当的胆识与魄力。从2000年开始，砖厂平均每年实际交给村集体的收入达到18万元，比预期的13万元还要高得多。有了集体经营的成功经验，村里决定进一步扩大集体经营的范围。

2008年，村集体和商州区的一个个体户赵某合伙投资经营了1个预制板厂，该厂股份由村集体与赵某各占一半，合同期为5年。由于预制板厂经营情况不错，同时为了响应国家节能减排的号召，2009年，村集体又和赵某合伙开办了1个轻质墙板厂，开发节能环保的新型墙体产品。其股东和占股比例与预制板厂相同。预制板厂仅用了1年的时间就收回了成本，并且将剩下的收入全部投入到了轻质墙板厂。

这两个厂都采用村集体与私人合作办厂的方式，实行股份合作制。虽然在发达地区股份合作制早已不是一种罕见的经营方式，但对于地处我国中西部地区、经济尚不发达的王涧村来

王涧村的砖瓦窑（刘倩 摄）

王涧村的砖瓦生产已粗具规模（刘倩 摄）

三 王涧村集体化道路的实践与发展

预制板厂的经营情况不错（刘倩 摄）

村集体与赵某又合伙开办了一个轻质墙板厂（刘倩 摄）

轻质墙板厂的经营状况也比较好（刘倩 摄）

说，村集体与私人采用股份合作的方式进行办厂经营的模式，无疑是一种经营方式上的新尝试。这种集体与私人共同经营的股份合作制企业，使得集体与私人可以优势互补，充分发挥各自的长处：私人（赵某）有资源、有市场，能够为生产的顺利进行提供基本的保障，如办理各种烦琐的审批手续，并为产品找到不错的销路；而村集体则具有整合能力和创新能力，能够群策群力，整合村里的各种资源，如办厂所需的土地、资金和劳动力等，集中力量办大事。

截至2012年，两个厂的经营状况都不错，还获得了2011年度杨峪河镇的"明星企业"称号。虽然厂里目前的收入都用于扩大再生产，村集体和村民还未从中尝到甜头，但按照村支书的说法，如果保持目前的发展趋势，村民们拿到企业的分红也是指日可待的事情。

2. 王涧村乡镇（村办）企业的集体化历程

在不同的历史时期，王涧村的主要村办企业依照国家政策和实际的经营情况采取了不同的经营管理方式。以较有代表性的村办企业为例，它们的所有权和经营管理方式大致经历了以下3个阶段：第一阶段，从1959—1983年，实行集体所有，集体经营。其中，"集体"的含义随历史阶段的不同而不同：1959—1961年"集体"指黎明高级社；1962—1979年指大队；1980—1983年指生产队。从"公社"到"大队"再到"生产队"，不难看出，即使同为集体经营，经营权实际上在层层下放，经营权的范围也在逐渐缩小。由此可见，"大而公"的体制未必是一种最优选择。第二阶段，从1983—1998年，实行集体所有，承包经营。这一阶段，虽然都实行承包经营，但具体的承包经营方式随砖瓦窑厂的所有权不同而不同。比如，第一村民小组实行集体承包，第四村民小组实行个人承包，其他村民小组则采取几个人共同承包的方式（胡必亮，1996）。第三阶段，从1999年至今，实行股份合作制（村支书与个体户赵某为两大股东），村集体（村干部）和个人（赵某）承包经营。

村里的轻质墙板厂（罗鸿　摄）

从以上3个阶段可以看出，产生经营绩效差别的原因，重点不在于谁拥有所有权，而在于谁拥有承包经营权。这是因为，拥有承包经营权的一方实际上就拥有了对财产的剩余索取权，因而有更大的动力去努力经营企业，获得更多的剩余。虽然同为集体经营，但第一阶段与第三阶段集体经营的经营者、约束条件和目标函数乃至经营的效果都是不一样的，当然，造成这种差异的原因和作用机制也大不相同。

轻质墙板厂的工人在工作（刘倩　摄）

人民公社时期的集体经营与前述第三阶段所提到的集体经营有如下主要区别：

第一，经营者不同。第一阶段的经营者在不同历史时期分别为公社、大队和生产队，而第三阶段的经营者为村集体（村干部）和个人（赵某）共同经营。可以看出，第一阶段的经营者是随着行政命令不断变化的，同时经营者对于其所经营的企业并没有太多的剩余索取权，而这会大大影响经营者的预期和行为，造成经营上的权责不明、利益边界不明确等问题，如相

轻质墙板厂生产的轻质砖是一种节能环保的新型墙体产品（罗鸿　摄）

挂在预制板厂办公室墙上的"明星企业"荣誉称号（刘 倩 摄）

互推卸责任、办事拖沓等现象；另一方面，在当时的政治环境下，在农村办工业是"资本主义倾向"，经营者需要承担政治风险，因此，这一阶段的乡镇（村办）企业发展可以说是举步维艰。而在第三阶段，一方面经营者是明确的，相应的权责和利益边界也很明晰，经营者的预期是稳定的，可以避免上述权责不明等问题的出现；另一方面，当时的政治环境相对宽松，各项政策也都是鼓励乡镇（村办）企业发展壮大的，这本身就是对经营者的莫大激励。

第二，约束条件和目标函数不同。第一阶段，约束条件是行政上的处罚，目标函数是追求自身效用的最大化，经营者的报酬与企业经营绩效无关，这是过程导向的模式，因为只要每天参加集体劳动就能计工分，这种激励机制导致"磨洋工"、"搭便车"等现象较为普遍，造成了普遍的低效率。而在第三阶段，约束条件是经济成本的制约，目标函数是企业利润的最大化，经营者报酬与企业利润挂钩，

笔者之一在预制板厂调研（罗 鸿 摄）

村支书自豪地展示王涧村曾获得的大大小小的奖牌和奖状（刘 倩 摄）

这是结果导向的模式，不仅节约了企业对员工的监督成本，也避免了劳动成员"磨洋工"、"搭便车"等降低劳动效率和损害集体利益的行为。

第三，经营效果不同。由于激励机制不一样，第一阶段的劳动是强制性的，集体成员没有动力和积极性进行集体劳动，导致了集体劳动的低效率，经营效果可想而知。而在第三阶段，用经济利益作为激励手段，调动起劳动成员的积极性，而且用市场的优胜劣汰机制来衡量产品的生命力和竞争力，自然可以取得良好的经营效果。

笔者与王涧村村民交谈（刘 倩 摄）

笔者采访村干部及村民代表（刘 倩 摄）

三　王涧村集体化道路的实践与发展

四 不同时期王涧村的就业结构与收入状况对比

任何一项社会学和经济学研究，都离不开其所处的历史背景，王涧村的集体化历程是以中国的快速工业化与城镇化为宏观背景的。本部分旨在通过比较历次调研的统计数据，对王涧村村民的就业与收入状况有一个更加直观的了解。本部分的研究不直接与集体化相关，但从王涧村村民的就业与收入状况的变化来看，可以推断，王涧村将自身的发展历程融入到了国家城镇化与工业化的历史背景之中，在这样的背景下，村干部试图通过再次集体化的方式带领村庄和村民走向繁荣与富裕。带着这样一种期许，笔者试图用数据来检验工业化与城镇化背景下以集体化方式作为致富途径的成效究竟如何。

以2012年的实地调研数据为基础，笔者将该村村民2012

20世纪80年代的王涧村

年的就业和收入状况与我们在1993年调研时所取得的数据进行比较，看这些年来究竟发生了什么样的变化，以及是什么原因促使这样的变化得以发生的。

（一）
研究方法

我们主要采用的是田野调查法，即先从实地采集到基础数据，然后进行统计分析。需要说明的是，在数据采集方法上，2012年调研中采用的是普遍调查方法，而1993年采取的是抽样调查方法。1993年的抽样调查方法是从全村7个生产小组中各抽出3户，其中家庭经济状况较好的、经济状况较差的和经济状况一般的各抽1户。这样调查小组当时就从全村7个村民小组中共抽取了21个农户，由于有2份问卷无效，最终实际得到19个农户样本，占当时全村总户数（210户）的9.0%；样本人口92人，占当时全村总人口（829人）的11.1%。2012年这次对全村的农户家庭进行了全面调查。这其中，由于一些农户长期外出务工，无法即时返乡接受问卷调查，最终我们实际得到的有效问卷为266份，占全村实际总户数275户的96.7%。

另外，正是因为有了1993年那次调查研究的结果，因此

今日王涧村（罗 鸿 摄）

四 不同时期王涧村的就业结构与收入状况对比

我们在分析过程中采取了比较分析的方法，将2012年这次调查的结果与1993年调查的结果进行比较和分析。由于前后两次调查相隔18年，当年一些样本户的户主已经去世，或者由于年龄太大而无法从事生产经营活动，因此，我们采取的处理方法是，用他们的长子所在家庭代替1993年的户主所在家庭进入调查样本的方法，由于前后两代人的经济状况一般具有连续性，这样处理得到的数据与1993年的调查数据具有一定的可比性。

1993年的入村调查是在当年年底做的，因此反映的就是当年的实际情况，而2012年8月的调研所得到的数据都是关于2011年的情况，故我们研究的时间跨度是18年。

（二）农户家庭主要就业时间的变化

表1与表2对比了1993年和2011年王涧村样本农户的户主主要从业时间的变化情况。表1比较详细地列出了1993年样本农户家庭经济活动的主要项目及其户主的非农就业时间。从表1可知，1993年，这19个样本农户的户主一年中平均从事非农就业的时间为近5个月。为了进行直观的比较，我们也统计了这19个样本农户家庭的主要劳动力在2011年从事农业和非农

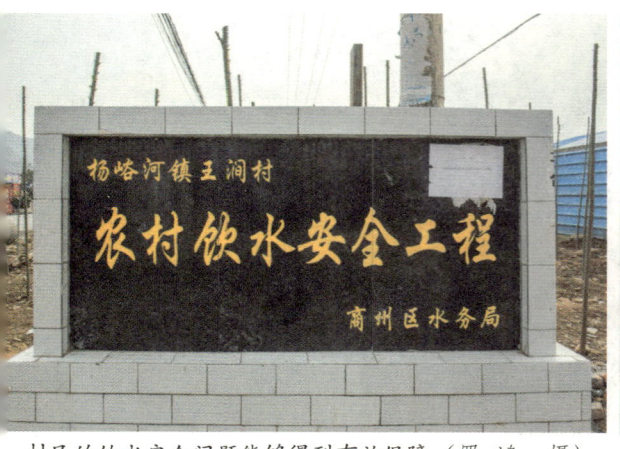

村民的饮水安全问题能够得到有效保障（罗　鸿　摄）　　村民多年前就用上了自来水（刘　倩　摄）

表1　1993年19个样本农户的家庭主要经济活动项目及其户主的非农就业时间

农户编号	户主姓名*	家庭主要经济活动项目	户主年非农就业时间/月	其中：在村外就业时间/月
1	YLZ	种地+养猪	0	0
2	YXL	种地+养猪+窑厂做零工+拖拉机跑运输	8	8
3	LJM	种地+养猪+窑厂做零工	9	0
4	FXS	种地+养猪+做瓦+外出打工	4	1
5	FJC	种地+养鸡+养蜂+窑厂做零工+粮食加工+城里做零工	10	0
6	LSC	种地+养猪+城里做零工+经商	4	4
7	YLX	种地+磨面+修路+城里做零工	3.5	3.5
8	LKZ	种地+养猪+窑厂干活+进城打工	2	1
9	LCX	种地+养猪+窑厂做砖	4	0
10	LQK	种地+养猪+窑厂做零工+城里做零工	5.5	0
11	LKN	种地+养猪+承包小组砖厂	10	0
12	YLY	种地+养猪+养牛+城里做工	0	0
13	YSC	种地+养猪+承包砖瓦厂+城里做工	7	0
14	HWN	种地+养猪+窑厂做零工	3.5	0
15	LJR	种地+养猪+村管理工作+卖红果	4	1
16	YST	种地+养猪+窑厂做瓦坯	6	0
17	LKC	种地+养猪+做建筑工	6	3
18	ZNZ	种地+养鸡+城里干活	0	0
19	YSZ	种地+窑厂做零工+做木工活	6	1
	平均值		4.87	1.18

* 用姓名汉语拼音首字母表示，余表同。

资料来源：胡必亮（1996）著《中国村落的制度变迁与权力分配：陕西省商州市王涧村调查》，第116页。

业的就业时间（表2）。我们发现，样本农户平均从事农业生产的时间已缩减为3个月左右，而从事非农业的时间上升到了8

四　不同时期王涧村的就业结构与收入状况对比

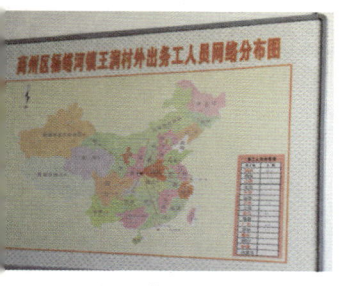

个月左右。同时，为了避免抽样调查的误差，我们也对2011年全村的情况进行了统计，并将三者放在一起进行对比（表3）。

由此可见，较之1993年，2011年无论是样本农户还是全村的情况，非农就业时间都大大增加，而从事农业生产的时间却有所减少。

表2 2011年19个样本农户*户主的主要从业时间

农户编号	户主姓名	当年从事农业时间/月	当年从事非农业时间/月	备 注**
1	YLZ	2	10	79岁，儿子YWC
2	YXL	0	12	
3	LJM	10	2	
4	FXS	1	11	
5	FJC	1	8	已去世，儿子FYF
6	LSC	2	10	
7	YLX	12	0	
8	LKZ	2	10	已去世，儿子LT
9	LCX	2	10	
10	LQK	0	10	79岁，儿子LJX
11	LKN	—	—	信息不清楚
12	YLY	—	—	信息不清楚
13	YSC	12	0	
14	HWN	0	10	其妻子为主要劳动力
15	LJR	1	10	77岁，儿子LYX
16	YST	—	—	信息不清楚
17	LKC	—	—	信息不清楚
18	ZNZ	0	11	70岁，儿子ZYW
19	YSZ	—	—	信息不清楚
平均值		3.21	8.14	

* 19个样本农户中，有5户信息不明，平均值统计按14户计。
** 户主年长或去世的农户样本以其长子所在家庭的从业时间替代。
资料来源：2012年作者实地调查数据。

表3　农户家庭主要劳动力就业时间的构成

组别	当年从事农业时间/月	当年从事非农业时间/月
1993年19个样本农户	—	4.87
2011年19个样本农户	3.21	8.14
2011年全村农户	2.46	7.42

资料来源：根据表1、表2和2012年作者实地调查数据。

留守村里的大多为老人和妇女（刘倩　摄）

多数村民都新修了自己在村里的房子（罗鸿　摄）

从直觉上说，王涧村的这一变化契合了我国工业化和城镇化的发展进程以及经济结构和产业结构布局的调整步伐。然而，这一看似简单的变化背后，却藏匿着深层次的制度和历史原因。

改革开放以来，随着家庭联产承包责任制的推行，农民获得了自由支配自身劳动力的权利，他们中的一部分人开始走出家门谋求发展。但此时，农村劳动力的流动规模仍然较小，可流动的地域也较为有限。20世纪80年代中后期，由于乡镇企业的异军突起和第三产业的迅速发展，政府对农村剩余劳动力流动的管制逐渐有所放松，城市开始吸纳大批进城务工的农民工，"民工潮"这一新兴名词开始频繁出现。1992年初，邓小平的南方谈话掀起了我国市场经济体制改革的高潮，民营企业（包括乡镇企业）的迅猛发展对农村廉价劳动力产生了大量需求。与此同时，政府也放宽了对农村剩余劳动力流动的政策限制，各地开始实施的"蓝印户口"制度把绝对的户籍控制变为有选择性地接受外来人口。由此，农村剩余劳动力向城市的涌流进入一个高潮期。

这一发展历程从我们前后两次调研数据所呈现的农户非农就业时间的显著增长中可见一斑。这一方面说明，工业化和城镇化的推进是解决我国农村剩余劳动力就业问题的一个重要途径；另一方面，也说明内陆地区的广大农民正是依靠出卖廉价劳动力的方式进入第二、三产业，从而使

村民盖的新楼房（刘倩　摄）

四　不同时期王涧村的就业结构与收入状况对比　｜25

自身融入到了我国经济发展的进程。然而,伴随着"刘易斯拐点"的到来,中国农村剩余劳动力开始进入短缺状态,城市的用工成本上升,许多劳动密集型产业已经出现"用工荒"的局面。

(三)
农户家庭收入来源与收入结构的变化

从农户家庭的收入来源和收入结构上看,1993年与2011年的数据表现出了不同的特征。表4给出了1993年19个样本农户收入来源的部门构成。其中,家庭经营收入占到了样本农户家庭总收入的67.0%,而工资性收入只占28.8%,其他收入则更少,只有4.2%。这一数据与1993年样本农户户主的主要从业时间表现出了一致性,说明当时农户家庭的主要收入来自于农业,而来自于非农业的收入并不是家庭的主要经济来源。

表4　1993年19个样本农户收入来源的部门构成

家庭收入来源	户数/户	占样本户总数比重/%	样本户总收入/元	占样本户总收入比重/%
1.家庭经营收入			39 086.28	67.0
(1) 种植业收入	19	100	21 920.28	37.6
(2) 养殖业收入	17	89.5	12 916.00	22.1
(3) 经商、跑运输	2	10.5	4 250.00	7.3
2.工资性收入			16 830.00	28.8
(1) 窑厂干活	13	68.4	12 830.00	22.0
(2) 城里做零工	10	52.6	4 000.00	6.9
3.其他收入	7	36.8	2 441.00	4.2
合　　计			58 357.28	100.0

资料来源:胡必亮(1996)著《中国村落的制度变迁与权力分配:陕西省商州市王涧村调查》,第122页。

表5给出了2011年全村农户的收入来源部门构成及各部门收入占全村户均总收入的比重。由表5可知,家庭经营收入的比重已降至19.9%,而工资性收入的占比上升至64.7%,占据

村中小景(罗鸿 摄)

表5 2011年全村农户收入来源的部门构成

家庭收入来源	全村户均收入/元	占全村户均总收入比重/%
1.家庭经营收入	5 551.23	19.9
（1）种植业收入	887.70	3.2
（2）家庭小工业收入	716.17	2.6
（3）服务业收入	3 947.37	14.1
2.工资性收入	18 077.61	64.7
（1）本乡劳动所得收入	6 469.70	23.2
（2）外出劳动所得收入	11 607.91	41.5
3.其他收入	4 313.97	15.4
（1）财产性收入	1 009.47	3.6
（2）转移性收入	3 304.50	11.8
合　计	27 942.82	100.0

资料来源：2012年作者实地调查数据。

了家庭收入的绝大部分，其他收入包括财产性收入和转移性收入，其比重也上升到了15.4%。由于前后两次调研的统计口径略有差异，为了方便比较，我们将2011年中与1993年类似但划分更为细致的同类指标进行了整合，并将指标名称比照1993年指标进行了相应修改。可以发现，较之1993年，2011年较为明显的特征是收入来源结构的改变，家庭经营收入比重的降低和工资性收入比重的上升。家庭收入结构的这种变化与20世纪90年代乡镇企业的快速发展息息相关。由于乡镇企业的异军突起，将大量农村剩余劳动力转移到本地的第二产业大军中来，不仅为农户家庭提高收入创造了条件，也使得其家庭收入结构发生了改变。图1和图2给出了更为直观的比较。

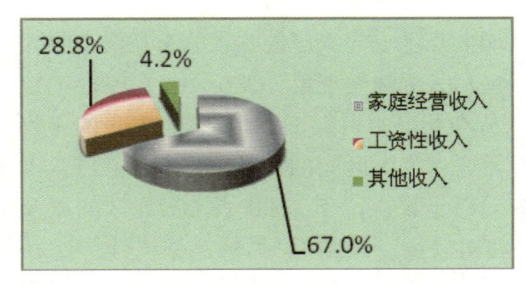

图1 1993年19个样本农户的收入结构图
资料来源：根据表4。

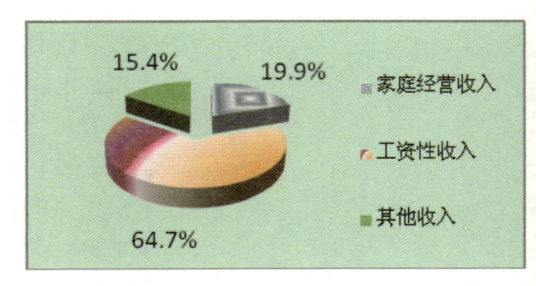

图2 2011年全村农户的收入结构图
资料来源：根据表5。

见证了王涧村集体化历史兴衰的老支书 龙景荣（刘倩 摄）

村支书鱼学理的全家福（刘倩 摄）

比较表4和表5可知，2011年家庭经营收入来源的部门比1993年多了一项——服务业收入，这一收入来源部门的变化趋势也符合库兹涅茨（2005）论述的工业化过程中经济资源在不同产业之间分配的变化趋势：农业部门的份额显著下降，工业部门的份额快速、显著上升，服务部门的份额不断缓慢上升。

（四）农户家庭增收状况与收入差异

1. 农户家庭收入分布状况

虽然不同时间点上收入的绝对值无法进行有意义的比较，但通过对比前后两个时间点上农户家庭的收入分布状况和收入差距比，也能发现一些耐人寻味的现象。表6给出了1993年19个样本农户的年收入分布状况。由表6可知，样本农户的年收入位于2 000~4 000元这一收入区间的户数最多，共9户，占样本户比重的47.4%，而年收入位于4 000~8 000元区间以及高于8 000元的农户相对较少，如图3。另外，据统计，这19个样本农户的年户均收入为3 071.4元，样本农户中年收入高于户均收入的有6户，占样本户总数的31.6%；19个样本户中最

表6 1993年19个样本农户的年收入分布状况

收入分布	户数/户	占样本户数的比重/%
2 000元及以下	6	31.6
2 000~4 000元	9	47.4
4 000~8 000元	3	15.8
8 000元以上	1	5.3
总样本户	19	100.0

资料来源：根据胡必亮（1996）著《中国村落的制度变迁与权力分配：陕西省商州市王涧村调查》第120页整理。

高收入户的年收入为样本户户均收入的2.8倍。

表7给出了2011年全村农户的收入分布状况。其收入区间的档次划分是为了方便与表6的区间进行对比。除了前两个区间外，其他区间基本上为表6对应区间收入的10倍。第一个区间之所以选取1万元作为分界点，是考虑到收入从4位数上升至5位数对于农户家庭来说是一个不小的跨越，若直接选取2万元作为分界点，可能会忽略掉许多有用的信息；而对于表6中的区间，由于其收入跨度相对来说较小，且很少有农户的年收入低于1 000元，因此直接将2 000元作为划分收入的起点。

从表7可知，全村农户的年收入绝大多数分布在1万~4万

王涧村的新生力量（罗 鸿 摄）

四 不同时期王涧村的就业结构与收入状况对比

位于王涧村的镇中心小学（罗 鸿 摄）　　2012年8月，胡必亮及其研究团队到镇中心小学调查

元这一区间，共有122户，占全村农户的45.9%，而位于两端区间的农户数较少。这和1993年情况类似，但其分布比1993年更为分散。另据统计，全村农户的户均年收入为27 942.82元，高于户均年收入的农户家庭共108户，占全村农户的40.6%，比1993年高出近10个百分点，即有更大比重的农户家庭年收入分布在户均年收入以上，这是对农民增收状况的一个很好诠释。但同时，我们也计算出2011年最高收入农户的年收入为全村户均年收入的近7.3倍，是1993年数据（2.8倍）的2.6倍，说明近年来农村地区的收入差距在变大，这一数据也与现实状况相吻合。

表7　2011年全村农户的年收入分布状况

收入分布	户数/户	占样本户比重/%
1万元及以下	74	27.8
1万~4万元	122	45.9
4万~8万元	60	22.6
8万元以上	10	3.8
总样本户	266	100.0

资料来源：2012年作者实地调查数据。

以上统计数据说明，随着改革的不断深入，农民通过外出打工、自营等方式提高自身收入的同时，也难以打破市场经济

村里私人创办的课外辅导中心（罗　鸿　摄）

所固有的优胜劣汰的竞争法则。无论城市还是农村，只要市场经济体制在运行，必然会发生因优胜劣汰所导致的收入差距的拉大（图3和图4）。

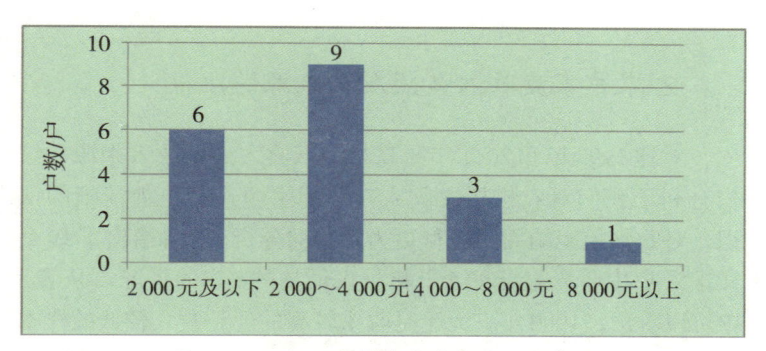

图3　1993年19个样本农户年收入分布图
资料来源：根据表6。

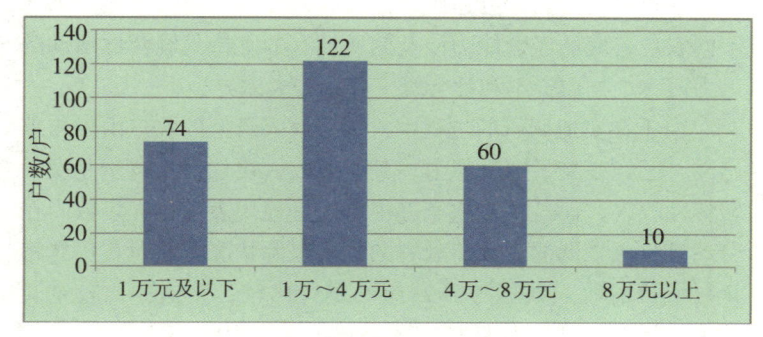

图4　2011年全村农户年收入分布图
资料来源：根据表7。

四　不同时期王涧村的就业结构与收入状况对比

王涧村的图书室里陈列的各类书籍（刘　倩　摄）

2. 农户家庭收入差距及其来源的比较

对比1993年和2011年最高与最低收入户的收入来源和结构有利于我们对农村居民收入差距的来源进行更加清晰的认识，对收入差距的原因进行更为系统的分析。表8给出了19个样本农户中收入最低的6户和收入最高的5户的情况。从表8中可以看出，1993年，无论是收入较高的还是收入较低的样本农户，他们的收入绝大多数主要来自家庭经营收入，更确切地说，主要来自农业经营的收入。并且，他们的收入差距也主要来源于家庭经营收入的差距，导致收入差距的原因可能是因为不同农户家庭的经营能力以及其所拥有的支持其经营性活动的人力资本、物质资本和社会资本存在较大差异。

由于在实地调研的过程中，一些收入最低的农户由于年事已高，已经丧失了劳动能力，其全部收入往往都来自于儿女的转移性收入，而这些农户家庭很难较好地代表该村大多数尚在劳动且收入较低的青壮年家庭的收入来源状况，此时若仍然将全村农户的收入数据与1993年的进行比较，则这种比较意义不大。因此，我们的处理方式是仍旧选取1993年时抽样的19个样本农户（或者他们的长子所在家庭），统计这19个样本农

表8　1993年样本农户中最高收入户与最低收入户之收入来源比较

样本农户	家庭经营收入所占比重/%	工资性收入所占比重/%	其他收入所占比重/%
HWN（最低）	55.0	45.0	0.0
YST	23.6	73.1	3.3
LKC	64.7	35.3	0.0
LSC	73.5	26.5	0.0
LJR	53.4	20.7	25.9
YSZ	65.6	34.4	0.0
YXL（最高）	82.4	17.6	0.0
ZNZ	100.0	0.0	0.0
YLY	75.6	24.4	0.0
YSC	51.5	47.8	0.7
FJC	44.7	42.4	12.9

资料来源：根据胡必亮（1996）著《中国村落的制度变迁与权力分配：陕西省商州市王涧村调查》第120页整理。

户中尚存的农户家庭（共14户）在2011年的收入状况，比较高收入户和低收入户的收入来源情况。这样做的好处是既可以进行更为直观的比较，也能排除一些已经丧失劳动能力的农户家庭的影响。

从表9可知，与1993年不同的是，2011年，绝大部分低收入户与高收入户的收入来源都为工资性收入，只有个别仍以农

村里的卫生室和健康教育公示栏（罗　鸿　摄）

王涧村入口（罗 鸿 摄）

村中小路（罗 鸿 摄）

业生产为主要就业方式的低收入户的收入来源中，家庭经营收入占据了很大比重；而在高收入户的组别中，除了最高收入户的大部分收入来自于转移性收入或财产性收入外，其他高收入户的工资性收入占据了绝大部分比重。由此可见，在2011年，无论是高收入户还是低收入户，工资性收入已经构成了农户家庭的主要收入来源。对比1993年的情况，这种收入来源部门的改变体现了农户家庭收入结构的转变。随着农民获得了在城乡之间自由迁徙的权利，以及市场经济在城市的快速发展所带来的大量用工需求，农村的剩余劳动力正在逐渐由农业向工业转移。与1993年不同，在2011年，高收入与低收入农户之间的收入差距绝大部分来自于工资性收入，而且这种差距比1993年时来自家庭经营收入的差距大得多，这可能是因为不同农户家庭由于比较优势和所拥有的社会关系网络不同，在务工时进入了不同的行业，而随着市场经济的发展，不同行业之间的工资收入差别很大，并且这种差别比家庭经营所导致的差别要大得多。因为不管农户家庭的经营能力如何，他们毕竟处在同一社会等级上，且从事的是相类似的经营活动，在这样的背景下，收入差别不会也很难超出一定的范围。而由于行业差别所导致的收入差别却是将不同行业间的农民工置于优胜劣汰的市场环境之下，这种行业间的巨大差别淡化了某些相对来说不那么重要的区别，比如自身禀赋的不同，或者经营能力的差别。

同样，为了更加客观地说明近20年间收入差距来源所表现出的结构变化，我们对位于不同收入区间的农户，统计了各区间内不同收入来源占比的平均值，并进行了对比分析。由表10可知，在1993年，所有样本农户家庭经营收入所占比重都是最大的，远远大于工资性收入和其他收入所占比重。这说明，在1993年，农户家庭的主要收入还是来自以农业经营为主的家庭经营收入。

表9 2011年19个样本农户中最高收入户与最低收入户之收入来源比较

样本农户	家庭经营收入所占比重/%	工资性收入所占比重/%	其他收入所占比重/%
YLX（最低）	94.6	0.0	5.4
HWN	0.0	100.0	0.0
LCX	90.0	0.0	10.0
LKZ	4.8	95.2	0.0
FJC	8.3	91.7	0.0
LJR	4.2	95.7	0.1
YXL（最高）	0.0	23.1	76.9
LSC	1.4	98.0	0.7
FXS	4.0	91.0	5.1
LJM	0.4	99.4	0.1
YLZ	2.9	97.1	0.0

资料来源：2012年作者实地调查数据。

王涧村一角（罗 鸿 摄）

位于王涧村后山脚下的民居（罗　鸿　摄）

表10　1993年样本农户各区间内不同收入来源占比的平均值

收入分布	家庭经营收入所占比重/%	工资性收入所占比重/%	其他收入所占比重/%
2 000元及以下	56.0	39.2	4.8
2 000～4 000元	57.7	34.1	8.2
4 000～8 000元	75.7	24.1	0.2
8 000元以上	82.4	17.6	0.0

资料来源：根据胡必亮（1996）著《中国村落的制度变迁与权力分配：陕西省商州市王涧村调查》第120页整理。

由表11可知，在2011年，除了最低收入区间（1万元及以下），其余各收入区间内农户家庭的工资性收入都占据了最大比重。而最低收入区间的农户，其收入绝大部分来自于转移性收入，这或许与该区间内年事较高、已无法从事劳动的农户家庭较多有关，这也间接说明上文中我们用样本农户替代全村农户的这一做法是合理的。对比1993年和2011年的数据，能够很清晰地看到农户家庭收入来源部门和收入结构的改变，同时也说明以上通过比较1993年和2011年19个样本农户的收入来源分布状况所得出的结论是稳健的。

表11　2011年全村农户各区间内不同收入来源占比的平均值

收入分布	家庭经营收入所占比重/%	工资性收入所占比重/%	其他收入所占比重/%
1万元及以下	32.6	23.5	43.9
1万~4万元	10.9	75.5	13.6
4万~8万元	20.9	65.8	13.3
8万元以上	29.9	46.2	23.9

资料来源：2012年作者实地调查数据。

（五）一点启示

通过以上对不同时期王涧村的就业结构与收入状况对比研究，我们可以看到国家工业化和城镇化发展给王涧村带来的变化。这种变化带给我们一些思考和启示。不论从哪个角度讲，如何增加农民收入的问题，都是我们讨论和研究"三农"问题的基本出发点和落脚点。但长期以来，我们在考虑这个问题时

王涧村后山新种植的核桃树（罗鸿 摄）

村民收获的玉米（罗　鸿　摄）

回家（罗　鸿　摄）

的思路有些过于狭窄，总是围绕"三农"谈农民收入或围绕农业谈农民收入，结果反而很难将这一问题解决好。实践证明，伴随着一个国家工业化与城镇化进程的快速发展，农民收入问题的最好解决方法很可能并不在"三农"本身，而在"三农"之外，至少在一定的发展阶段会是如此。也就是说，通过快速的国家工业化和城镇化发展，农民收入也将大幅、快速地提高与增加。当然，收入提高和增加的主要来源很可能并不在农业，而是在农业之外的其他机会。王涧村的发展历程正好从一个微观案例的视角比较清楚地说明了这一点。不仅如此，王涧村的领导班子在本村大力发展村办集体企业，通过集体化的方式实现了村庄产业结构的就地升级，也使得一些村民通过在本村集体企业就业的方式实现了就地非农化，这是王涧村在书写该村工业化历史过程中的独到之处。在"城市病"日趋严重的今天，这应当是也的确是符合目前我国农村发展现实的战略选择。

五 "集体主义"溯源及其内涵与特征

（一）"集体主义"溯源

"集体主义"一词最初是作为政治术语而出现的。对于"集体主义"一词的来源，学界尚无一致的说法。1880年，比利时国会使用了"集体主义"一词，用来宣布国家对所有生产资料的所有权。除此之外，较早使用"集体主义"一词的人还有恩格斯、保尔·拉法格、科林等人。并且，对于"集体主义"内涵的理解也存在两种不同观点：一种观点主张拉萨尔主义，他们认为无产阶级可以通过和平和合法的手段取得政权，认为社会主义允许私有制经济与公有制经济同时并存；另一种观点则以马克思、恩格斯为代表，将"集体主义"视为"共产主义"的同义词，认为集体主义是一种共产主义的道德原则。

马克思与恩格斯

马克思与恩格斯共同起草《共产党宣言》

而对集体主义与共产主义之间的关系进行详尽阐述的是马克思的女婿、19世纪法国的马克思主义者——保尔·拉法格,他说:"我在1880年……试图使用'共产主义'这个词来代替原先的'集体主义'这个词,集体主义只是在《平等报》以后在法国成了共产主义的同义词,现在我利用公民马隆给我提供的机会声明,马克思和恩格斯是共产主义者,而不是贝魁尔和科林那种意义上的集体主义者。"(拉法格,1985)从这一论述可知,"集体主义"这一术语早已有之,但其只有在"共产主义"的意义上,才为马克思主义者所接受(夏伟东,1994)。

苏联马克思主义者卢那察尔斯基是对"集体主义"一词作出科学界定的第一人,他在1923年的《小市民习气和个人主义》一书和发表于1925年的《马克思主义道德观》一文中使用了"集体主义"一词,并在《从马克思主义观点看道德》和《十月与新人的教育》等文中指出集体主义的原则是无产阶级道德的基础,强调社会利益高于个人利益,它与个人主义是相对立的。

此后,斯大林对"集体主义"的含义进行了进一步深化。他在《和英国作家赫伯特·乔治·威尔斯的对话》中认为集体和个人之间应当是统一的,认为集体主义并不意味着否定个人利益,而是把个人利益与集体利益更好地结合起来。在斯大林的集体化经济思想的指导下,苏联从1929年末开始强制推行旨在大规模建立集体经济的政策,实施农业的全盘集体化运动。

这一运动对苏联乃至世界其他各个社会主义国家的经济、文化、政治都产生了极为重大而深远的影响。集体主义在中国通常被视为一种高尚的世界观和价值观，它是共产主义道德的核心，是社会主义精神文明的重要标志。集体主义精神从无产阶级的根本利益出发来处理个人、集体与社会之间的关系，强调集体利益高于个人利益，要求个人利益服从集体利益、眼前利益服从长远利益、局部利益服从全局利益。但随着时代的推进和对马克思列宁主义的不断发展，当代中国集体主义的内涵也在发生着深刻变化，这表现为从计划经济时期的"传统集体主义"发展为社会主义市场经济时期的"新集体主义"和"后集体主义"。

村支书鱼学理介绍王涧村集体化道路的发展历程（刘倩　摄）

（二）
集体主义的内涵

集体是集体主义的核心范畴，要弄清楚集体主义的内涵，首先需要明白"集体"的含义。集体并不是一个单一的概念和范畴，不同的学科从不同的角度和视域，对集体的内涵有着不同的解读。如苏联的集体社会心理学认为集体是指"执行有益的社会职能的高度发展的群体"，它对集体的多级结构进行了深入的剖析，认为集体是由一个多层次、多水平的人际关系组成的等级结构。集体不是一个抽象的概念，而是一个历史的范畴，它的内涵随着时代的推进而发展变化。

集体是由处在一定的历史条件下的人组成，因此处在不同历史条件下的人所组成的集体性质也不同。集体是一个社会群体的概念，集体不是个体的机械相加，而是集体内部各个要素的有机结合。集体与个体是对立统一的关系。马克思说："人的本质并不是单个人所固有的抽象物，在其现实性上，它是一

五　"集体主义"溯源及其内涵与特征

切社会关系的总和。"(马克思，1995)同时，集体也具有相对独立性。德国社会学家 N.埃利亚斯（2003）指出："所有社会集体，或者某一类人类群体，都有一个属于自己的心灵，一个超然于个体心灵的心灵，就是说拥有某种'集体灵魂'，或者某种'团队精神'。"集体具有鲜明的阶级性，它代表着一个利益共同体，这个共同体有着紧密的利益关系，这也是集体能够将不同个体结合在一起的根本原因。

王涧村机砖厂生产的红砖（刘倩 摄）

1988年王涧村村民在修建河堤

既有文献对集体主义的界定有广义与狭义之分。广义的集体主义强调从广阔的视域来研究和界定集体主义的内涵，认为不同的学科根据自己的研究领域和目标不同而对集体主义有不同的界定，例如从宏观的文化比较角度来界定不同社会文化下集体主义与个人主义的价值取向；又如，基于价值取向的心理学比较角度来进行个体主义与集体主义的心理学研究。而狭义的集体主义则将集体主义与社会主义、共产主义紧密相连，认为它是社会主义和共产主义道德的基本原则，是同社会主义的基本经济制度和政治制度相联系的，是同实现共产主义相统一的。

《简明不列颠百科全书》（中国大百科全书出版社《简明不列颠百科全书》编辑部，1985）对集体主义作了如下定义："个人从属于社会集体（如国家、民族、种族或阶级）的社会组织，其形式不一。集体主义可与个人主义相对照。"《辞海》（辞海编辑委员会，1999）对集体主义的解释为："社会主义和共产主义道德的基本原则。与'个人主义'相对。是个人与集体辩证统一关系在道德上的反映。也是集体利益与个人利益发生矛盾时的正确的价值取向。它要求一切以人民群众的利益为

原杨峪河镇党委书记视察王涧村　　　　原商洛市市委书记视察王涧村

根本出发点；强调集体利益的道德权威性，坚持集体利益高于个人利益，个人利益服从集体利益；发扬国家利益、集体利益和个人利益相结合的精神。这种集体利益为实现个人利益奠定了现实基础。承认个人利益的合理性，保障个人正当利益的实现，保证个人利益和集体利益的结合与协调，促进集体利益和个人利益在辩证统一中不断发展。倡导'人人为我，我为人人'的道德生活准则。"《现代汉语词典》（中国社会科学院语言研究所词典编辑室，2012）对集体主义的解释是："一切从集体出发，把集体利益放在个人利益之上的思想，是社会主义社会、共产主义社会的基本精神之一。"

（三）集体主义的特征

社会主义制度在中国的确立，意味着集体主义不仅仅在经济领域中成为人们的基本价值取向，并且在价值领域和政治领域，乃至人们的日常生活中也成为社会主义和共产主义道德的基本原则。

集体主义作为社会主义基本经济制度的价值取向，是社会主义社会与资本主义社会相区别的主要特征，这种区别表现在以下两个方面：

王涧村的党建工作宣传栏（刘 倩 摄）

第一，在生产资料的占有方式上实行以公有制为主体，多种所有制经济共同发展的经济制度，这是我国社会主义初级阶段的一项基本经济制度。生产资料公有制是社会主义初级阶段基本经济制度的主体，是社会主义经济制度的基础，是社会主义的根本经济特征。生产资料公有制是一种生产资料由劳动者共同所有、占有、支配和使用的所有制形式。社会主义初级阶段的公有制形式主要包括全民所有制、集体所有制和混合所有制经济中的国有成分与集体成分，以及股份合作制，等等。显然，无论是公有制的哪种实现形式，都是一种集体主义的占有方式。这种集体主义的占有方式使劳动者赢得了自身的解放，不再成为资本的附庸，不再受到资本家的剥削，无产阶级翻身做了国家的主人，掌握了自身的命运。社会主义初级阶段以公有制为主体的基本经济制度的确立使劳动者有着共同的利益追求，将不同的个人利益与相同的集体利益有机地统一起来，从而保证了共同富裕的共产主义目标最终能够得以实现。

第二，在分配方式上实行以按劳分配为主，多种分配方式并存，按劳分配与按生产要素分配相结合的分配制度。以公有制为主体，多种所有制经济共同发展的所有制结构，决定了在分配方式上必须实行以按劳分配为主，多种分配方式并存的分配制度。其中，按劳分配是社会主义公有制经济的基本分配原则，是人类历史上一种崭新的收入分配方式，是人类分配方

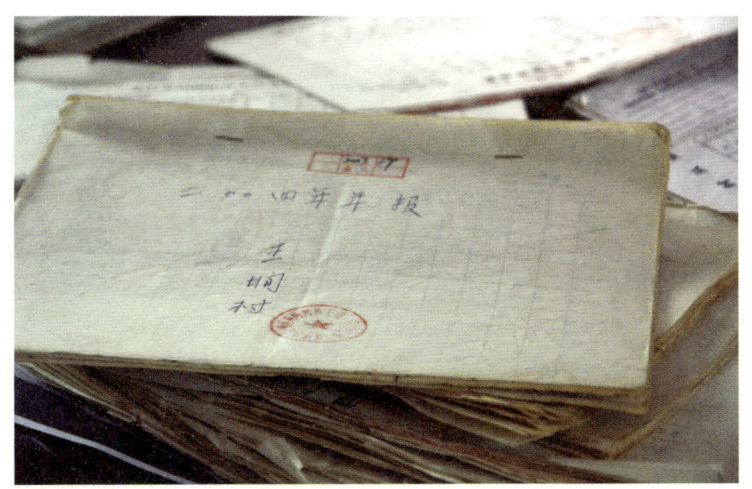

王涧村历年年报（刘倩 摄）

王涧村的耄耋老人（刘倩 摄）

式的一种革命，也是社会主义公有制在个人消费品上的实现形式。以按劳分配为主体的分配方式能够消灭剥削，消除两极分化，从而体现社会主义在分配方式上的公平和公正；按劳分配"多劳多得，少劳少得，不劳动者不得食"的分配原则反对平均主义，能够兼顾国家、集体和个人的利益，充分调动广大人民的劳动积极性，促进生产力的发展。因此，按劳分配制度本质上来说是一种集体主义的分配方式，体现着集体主义的价值取向。

五 "集体主义"溯源及其内涵与特征 | 45

六　集体主义的演化

新集体主义与后集体主义是计划经济向市场经济转轨之后传统集体主义的两种后续发展模式。虽然它们的内涵和发展道路不一样，但二者的共同点在于，它们都保持着土地产权的集体所有制不变，它们是传统集体主义在新历史时期下的发展和演化。

（一）新集体主义

"新集体主义"这一名词最初由王颖（1996）在《新集体主义：乡村社会的再组织》一书中提出，他通过对广东省南海市（今广东省佛山市南海区）一些乡村的实地调研，总结出这些地区的集体经济在人民公社解体后的新含义与新发展，并用"新集体主义"这一名词概括之。

1. 新集体主义的产生与确立

1982年家庭联产承包责任制在全国的普遍实施和推广使"人民公社"这一名词成为历史的记忆，农村经济体制的改革如星星之火在我国广大农村地区迅速蔓延开来。随着人民公社的解体，集体主义道路的前景也变得扑朔迷离。让人刻骨铭心的历史教训已经明确地告诉我们传统的集体主义之路不可行，而在我国这样一个社会主义国家，土地私有化的道路更是行不通，那么，中国农村到底需要找到一个怎样的主义或者作出怎

广东省佛山市南海区农村的桑基鱼塘

样的选择才能带领我国广大农民既坚持社会主义的道路，又迅速走出集体经济的困境呢？历史没能给我们明确的答案，其他国家也没有可供复制的成功经验，因为我们走的是一条"前无古人，后无来者"的社会主义、共产主义道路，唯一的出路只有自己"摸着石头过河"，在不断的实践和探索中寻找到一条能够搞活当时已经宛如一潭死水的集体经济。

　　王颖（1996）指出，人民公社解体后，有3条道路可供广大农民选择：第一，继续实行集体经济；第二，将集体企业下放；第三，将集体财产全部瓜分掉。3种不同的选择得到了3种不同的结果，在经历过这些不同选择的成功与失败后，广大农民取得了一个共同的认识，那就是要重新确立和发展集体经济，因为集体经济能够提供个人所需要而个体经济又很难满足的公共物品和公共服务，能够为个人提供有力的社会保障和社会福利，为农业的现代化、农民的共同富裕和农村的发展提供有力的支持和保障。如今，在一些农村地区已经流传着一句"发财靠自己，致富靠集体"的口头禅，充分显示出广大农民对集体经济的信赖和期待。而此时重新确立起来的集体经济与人民公社时期的集体经济相比，已经有了新的含义和新的特征。

六　集体主义的演化

广东南海的农村已发展成社区

2."集体"的新含义

重新确立起来的集体经济与传统的集体经济的不同之处在于：

第一,"集体"二字的含义与边界不同。人民公社时期的集体,是一个利益边界非常模糊的群体。大可以大至包含上万劳动者和几千农户的公社,小可以小至只有几十或几百农户的生产队,其大小的界定按照现实的需要来进行。如需要修建大型的基础设施时,集体可以动员全公社的力量投入大量劳动力,而在进行年终分配时,集体又降低为一个为维持农民的基本生存需要而按照上级的指示进行生产活动的基本组织单位。与传统的集体经济中集体不同,新集体经济中的集体是一个利益边界十分确定的群体,是一个利益共同体。在这个利益共同体内,集体内的成员有着共同的利益目标,集体能为他们提供一定的社区保障与福利,能为他们提供一种归属感,集体与个体的关系不再是对立的,而是通过集体经济这一桥梁紧密相连。集体经济的好坏不仅关系到集体的兴衰荣辱,而且与每一位集体成员的生活保障、生活福利和经济利益有着明显的正相关关系。

第二,决定集体边界的根本性因素不同。在人民公社时期,人们更多地依靠地缘关系或血缘关系来界定集体的界限,土地关系成为决定集体边界的根本性因素,而新集体主义所说的"集体"则是依靠经济利益为纽带将集体内的成员紧紧联系在一起的实体性集体，实体性集体所在的层次则取决于经济发展的水平和为集体成员谋福利的能力。

第三，集体的组织形式不同。传统集体主义中集体的组织形式主要是以生产大队和生产小队这样一种劳动的组织形式为主，个体需要绝对服从集体的安排，它不涉及集体与个体间的共同的利益分配关系；而新集体主义中集体的组织形式则是各式各样的，包括经济联合社、集团总公司和股份合作制公司，等等。但无论是何种组织形式，新集体主义的一个特点是承认个人利益的合法地位，并且将它与集体利益紧密地结合起来，使两者之间形成互利互惠、共生共荣的关系。

从这个意义上来说，新集体主义与传统意义上的集体主义主要"新"在边界、清晰的边界、决定边界的根本性因素和组织形式三个方面。

广东南海农村信用联社是中小企业成长的助推器

3. 新集体主义的含义

新集体主义的"新"，主要体现在个体和集体的关系不再是计划经济时期强调集体利益绝对至上的上下级关系，而是一种以经济利益为核心的共生关系；将个体与集体联系起来的纽带不再是强制的行政命令，而发展为一种在尊重和保护个人利益基础之上追求集体利益最大化的新型利益模式。概括地说，新集体主义是以行政村为基本单位、以村领导为集体行动的组织者和负责人，在承认并保护个人和集体等不同利益主体的存在的基础上，充分调动各个利益主体的积极性，将分散在各个利益主体手中的闲散资源集中起来进行有效地配置和规模化经营，并将所得的部分利润投资于集体公共设施建设和公共服务的提供，以及通过分红等形式返还给投资了生产要素的集体成

六 集体主义的演化 | 49

平洲玉器街是广东南海集约用地、实现产业升级的典型

员,通过这种发展方式实现农村的现代化和共同富裕。用"后集体主义"概念的提出者周怡(2006)的话说:"新集体主义是经过'肢解集体'(家庭联产承包责任制)之后的重新联营的集体。"可以说,新集体主义是在农村摆脱国家传统集体主义模式束缚后,农民对农村经济发展道路模式的一种选择。

新集体主义与计划经济时代传统集体主义的基本区别在于,它不是把集体利益绝对化和抽象化,也没有把集体利益与个人利益对立起来、要求个人利益对集体利益的绝对服从,而是在承认和保护个人利益的前提下寻求集体利益与个人利益的有机统一,力求实现二者的长远发展。

4. 新集体主义的特征

与传统的集体经济相比,新集体主义表现出以下几个不同之处:

首先,新集体经济已不再代表一种劳动的组织形式,而代表一种所有制形式。在人民公社时期,集体经济除了指生产资料归集体所有之外,更多地意味着一种劳动的组织形式,即将社员组织起来进行集体劳动。在那种制度安排下,生产和分配都由集体统一安排,个人没有太多的自由,更谈不上个体经济的发展了。与传统集体经济不同,新集体经济更多地指一种所有制形式。并且随着经济的发展，新集体经济的产权变得越来越清晰，其所有制形式也越来越多样化，其生产经营权和活动范围也日益融入市场经济的环境之中，逐渐与所有制形式相分离。

其次，随着工业化和城镇化进程的加速推进，发展非农产业成为新集体经济的一种必然选择，因为只有发展非农产业，集体经济才能具备为家庭承包经营的农业生产提供产前、产后服务的经济能力，才能顺应工业化和城镇化的发展趋势和要求，才能为集体经济找到出路。在这种认识的指导下，一方面，农村大量的剩余劳动力开始涌入城市，从事非农劳动，农民开始有了新的身份，新的社会分工开始出现，城市中也出现了一个日益庞大的新社会群体——农民工；另一方面，农村中的乡镇企业得到迅速发展，乡镇企业的发展已经成为广大农民脱贫致富的必由之路，也成为我国工业化和城镇化进程中一支突飞猛进的生力军。乡镇企业灵活多变的经营方式和所有制形式，也为我国探索集体经济的多种实现形式起到了积极的作用。

再次，在收入分配的问题上，新集体主义中集体经济的收入再分配与人民公社时期的集体分配有着本质的差异。人民公社时期的收入分配方式是一种以供给制为主的分配制度，这种

王涧村的早春（罗 鸿 摄）

分配方式最大的特点是平均主义，也就是俗称的"吃大锅饭"。不管集体收入高还是低，不管个人的实际贡献大还是小，只要是集体的成员，人人都可分得一杯羹。这种分配方式严重削弱了社员的劳动积极性，滋生了社员的"搭便车"、"磨洋工"等机会主义行为和消极怠工心理，不利于集体经济的健康发展。这种平均主义的分配方式根源于模糊不清的产权关系。而在实行家庭联产承包责任制后，集体经济逐渐演化为一种所有制的代名词，各种各样的集体所有制形式在村集体中得到广泛的运用和推广，如股份制、股份合作制、混合所有制等。在产权关系得到明晰之后，集体利益和个人利益被分离，集体经济的收入分配方式也随之改变，这种改变主要体现在：分配的主要依据是集体成员对集体经济所依赖的生产要素所拥有的部分所有权，如劳动、土地、资金和生产工具等，而不是传统集体经济下的平均主义。具体来说，新集体经济下集体分配主要由以下几个部分组成：第一，适应企业发展需要、反映市场竞争结果而进行的按劳分配和按股份分红，这一部分收入遵循市场竞争规律，根据个人能力、资源禀赋和劳动贡献的不同而有所差异，从而能够尽可能地调动广大农民的积极性；第二，为保障集体成员基本生存需要、避免贫富两极分化而进行的各种保障性分配和福利分配，这一部分收入遵循公平原则，反映了以村集体为单位，先富带动后富、走向共同富裕的美好愿望。这种分配方式适应了新时期集体经济的所有制形式，也为集体经济的进一步发展奠定了坚实的制度基础。

（二）后集体主义

1. 后集体主义的产生

周怡（2006）在《中国第一村——华西转型经济中的后集体主义》一书中，系统考察了江苏华西村从农业社区转向工业社区、从计划经济转向市场经济所经历的集体主义道路模式，着力论述了华西村在历史的转型期中所坚守的集体主义精神，并用"后集体主义"一词将其区别于计划经济时期的"传统集体主义"与1978年人民公社解体后出现的以联户经营为主要模式的"新集体主义"。从被政府树立为"社会主义集体经济模范",到被媒体誉为"天下第一村",华西村历来就不缺少被关注的目光,它所走过的发展道路也成为了不少村庄摆脱贫困、走向富裕的标杆和学习典范。

周怡(2006)通过对华西村发展历程的研究,总结出了一条后集体主义的农村发展道路。虽然华西村的发展道路不能被复制,但这种发展历程已成为中国农村脱贫致富、实现工业化和现代化过程中的一种具有重要意义的道路模式——"后集体主义"模式。但正如周怡所说,华西村的这种"后集体主义"发展模式究竟是"一个历史的过客"抑或是"一个永久的例外",还有待时间的检验和后续的研究来为我们书写答案。

天下第一村——华西村

华西村的精神领袖——吴仁宝

其实,除华西村外,河南南街村、天津大邱庄和苏南等地农村的发展道路都颇为相似,在国家解除了对农村地区大一统的束缚之后,这些村庄并没有选择家庭联产承包责任制,而是执着于依托集体经济的力量发展乡村工业,走出了一条"由人民公社化时期的国家组织化,步入改革后的村庄组织化的一贯组织化路径"(黄鹏进,2012)。且不论这种后集体主义的发展模式是否具有普遍意义,它们都是中国农村发展过程中所出现的一种类型,也是农村未来发展道路的一种具有可行性的选择。

六 集体主义的演化 | 53

2. 后集体主义的含义和特征

周怡(2006)认为，后集体主义的社区形态是农业社会转向工业社会、计划经济转向市场经济过程中的共同产物，"后集体主义是对人民公社时代集体主义的继承、消解和再造的整合体，既受传统农业、计划再分配体制的影响，又是现代工业和市场经济的结果"。

周怡(2006)将后集体主义的逻辑起点归于土地，因为土地是村民们坚守集体经济的最初物质动因和最客观和实际的凝聚力。而在浩浩荡荡的包产到户的历史背景下，华西村能够坚定执着地守住不分田的集体主义不动摇的原因，又远非能用"土地的诱惑"一言以蔽之。华西村在"农业学大寨"时期获得的良好声誉和丰厚的农业积累，以及村民在声誉的投资-回报过程中生发的族群荣誉感，也为村庄后来的工业发展铺平了道路，正如周怡所说："从光荣走向富裕，是这个村集体成功地完成由农业向工业转型的重要砝码。它为村庄的工业发展提供了一个很好的平台，同时，又构成村庄随后迈向后集体主义道路的逻辑起点。"他援引Weber(1999)的"人的选择行动受利益的驱使"一说，认为利益是村庄选择后集体主义道路的逻辑起点，而作为后集体主义逻辑起点的利益又由两个部分构成：

华西村夜景

华西村鸟瞰图

"作为物质型利益的土地"和"作为理念型利益的村庄声誉"。

以华西村为例，后集体主义有3个特征。第一个特征是：虽然村庄作为一个整体不可避免地出现了分化，这种分化表现为结构的分化、职业的分化和阶层的分化，但是分化之后村庄的共同价值观念和集体主义行为取向依然存在；第二个特征是：作为非正式制度的、源自农业集体化时期的惯习和作为正式制度的、带有强制性的"村规民约"使得高度分化之后村庄层面的整合和团结仍被维持；第三个特征是：随着村庄权力由村集体政权向家族精英控制的转移，村庄在产权和管理上的集体主义性质多少变得不那么公私分明，但这种转移究竟是村庄领导权威的私心还是为了动用其家族的资源和力量来维护和巩固村庄共同体的集体主义，是未可知的。

（三）集体主义在中国的发展

周怡（2006）以农业社会转向工业社会和计划经济转向市场经济这两大转型过程为坐标轴，梳理了中国农村从传统的计划经济时期至今所出现的4种不同的社会经济类型和所经历的3条不同的农村发展道路。

借鉴周怡的这种分类和梳理方式，以及既有探讨农村集体主义发展模式的文献，我们将分别从静态和动态两方面，对社会经济类型的划分和集体主义发展路径的分类进行详细论述。

我们认为，从静态来看，从农业转向工业、计划经济转向市场经济这两大转型的维度，可以把社会经济区分为4种不同的类型：第一种类型是农业社会主义，以传统的农业生产方式为主，人民公社时期的集体主义就属于这种类型；第二种类型是农村工业化道路与集体主义的经济制度的结合，以人民公社时期的社队企业为基础，用集体的力量发展乡村工业，如南街村、华西村的集体经济工业化发展模式或者说后集体主义的发展模式就属于这种类型；第三种类型是农业社会与市场经济的结合，实行土地集体所有制下的个体农户分散经营，如改革初期实行的家庭联产承包责任制或者说新集体主义的发展模式就属于这种类型；第四种类型是工业化、现代化与市场经济相结合，实行农业合作经营模式，个体分散的农户通过联合建立起专业协会、行业协会等专业合作组织或股份制公司等现代集团公司，发展集体经济，这也是农村集体主义发展的最终落脚点和归宿。

从动态上看，我们认为中国农村要实现现代化和工业化至少存在两条不同的发展道路：第一条道路是新集体主义的发展

华西村的新书记

南街村的领路人王宏斌

道路，从计划经济时期的传统集体主义道路（上述第一种类型），发展到家庭联产承包责任制时期的农户个体经营，然后在市场力量的驱动下又联合起来，走一条在承认和保护个人利益条件下追求集体利益最大化的新集体主义道路（上述第三种类型），最后发展为工业化、现代化与市场经济相结合的社会主义新农村（上述第四种类型）；第二条道路是后集体主义的发展道路，即在计划经济时期的传统集体主义（上述第一种类型）普遍将经营自主权下放后，仍然坚持将集体主义的经济制度与发展乡村工业（原社队企业）这一道路相结合的后集体主义道路（上述第二种类型），最后发展为工业化、现代化与市场经济相结合的社会主义新农村（上述第四种类型）。两条道路所经历的发展过程和所采取的发展模式不同，但殊途同归，最后的目的和归宿都落脚于建设和发展社会主义新农村。我们的这一分类方式和论述也与黄鹏进（2012）的论述不谋而合。

当然，在同一个时间节点下，不同地区的村庄现状完全有可能正处于某一条发展道路的不同阶段，比如有些村庄可能仍然处于个体经营的阶段，有些村庄已经发展到新集体主义的联

华西村的标志性建筑

六　集体主义的演化

南街村幼儿园

户经营的阶段，而有些村庄还处于后集体主义的集体工业化道路阶段，或有些村庄已经实现了工业化和现代化而演变成一座全新的"村级城市"或"工业型村落"。总而言之，这些林林总总的村庄面貌，构成了我国农村面貌的现状。而这些处于不同发展阶段的村庄，它们是否会沿着我们梳理出来的这两条道路去发展演变，抑或是独辟蹊径寻找到一条新的发展道路和一种新的发展模式，我们无从知晓，只能有待时间来为历史揭晓答案。

包括了王涧村在内的由9个村组成的陕西南秦新区的未来发展规划模型（罗鸿 摄）

未来的王涧村是这样的（罗鸿 摄）

七 农业集体化理论的起源、发展及其中国化

马克思和恩格斯为社会主义农业集体化道路奠定了思想基础，是我们研究"三农问题"的理论渊源。列宁"新经济政策"中的农业合作社思想是对马克思主义农业集体化思想发展的第一次飞跃，是从实践上尝试社会主义农业商业化的道路。而中国特色社会主义道路的开拓者和实践者实现了马克思主义农业集体化思想发展的第二次飞跃，这主要体现在把市场机制引入集体化，家庭联产承包责任制是其最重要的标志。

（一）
马克思和恩格斯的农业集体化思想

要深刻理解马克思和恩格斯的农业集体化思想，必须追溯到马克思和恩格斯关于"在无产阶级夺取政权后应当怎样对待个体农民"这一问题上来。马克思在深刻地分析了当时欧洲各个国家的社会经济状况后，于1874年在《巴枯宁〈国家制度和无政府状态〉一书摘要》中指出："凡是农民作为土地私有者大批存在的地方，凡是像在西欧大陆各国那样农民甚至多少还占居多数的地方，凡是农民没有消失，没有像在英国那样为雇农所代替的地方，就会发生下列情况：或者农民会阻碍和断送一切工人革命，就像法国到现在所发生的那样，或者无产阶级（因为私有者农民不属于无产阶级；甚至在从他们的状况来看他们已属于无产阶级的时候，他们也认为自己不属于无产阶级）将以政府的身份采取措施，直接改善农民的状况，从而把

马克思主义的创始人，第一国际（即国际工人协会）的组织者和领导者，全世界无产阶级和劳动人民的伟大导师卡尔·海因里希·马克思（Karl Heinrich Marx，1818.5.5—1883.3.14）。主要著作有《资本论》、《共产党宣言》

他们吸引到革命方面来；这些措施，一开始就应当促进土地的私有制向集体所有制的过渡，让农民自己通过经济的道路来实现这种过渡，但是不能采取得罪农民的措施，例如宣布废除继承权或废除农民所有权……"（马克思，1964）马克思主义的农业集体化思想主要包含三个方面：第一，农业土地的公共占有；第二，采用集体化的耕作形式；第三，农业大机械的使用。

恩格斯于1886年1月20—23日致倍倍尔的信中，指出应当把合作社作为向共产主义过渡的中间环节，这是恩格斯第一次提出农业合作社的概念："至于在向完全的共产主义经济过渡时，我们必须大规模地采用合作生产作为中间环节，这一点马克思和我从来没有怀疑过。但事情必须这样来处理，使社会（即首先是国家）保持对生产资料的所有权，这样合作社的特殊利益就不可能压过全社会的整个利益。"（恩格斯，1974）为了反对法国工人党和德国社会民主党提出的"任何情况下都要维护农民的私有制"这一错误纲领，恩格斯于1894年11月为《新时代》杂志撰写了《法德农民问题》一文，指出无产阶级在取得政权后应当尽可能争取农民同盟军的支持，并认为应当以合作社模式来实现农业集体化。恩格斯反对南特纲领为了争取农民选票而提出的建立小农土地所有制的主张，认为小农经济必然"不可挽回地走向灭亡"；主张通过示范和社会帮助的方式"把农民的私人生产和私人占有转变为合作社的生产和占有"，将农民引到集体主义的道路上来，并且强调不能用暴力去剥夺小农。

恩格斯在《法德农民问题》中指出，集体所有制比小农所有制更加优越的地方在于：第一，在大规模经营的条件下，可以节省农村的劳动力，让一部分劳动力剩余出来；第二，给剩余劳动力以资金让他们去从事副业，可以提高小农的经济地位；第三，随着农民经济地位的改善，能够提高无产阶级政党的威信；第四，能够使加入合作社的农民与社会其他阶级的权利与义务处于平等地位，提高农民的社会地位。在集体化的过程中，恩格斯强调不能采用强迫和暴力的方法，而必须给农民以充足的时间去考虑这个问题，贯彻自愿加入的原则。关于集体化道路的步骤，恩格斯认为应当先成立初级社，初级社实行"共同出力耕种"，"按入股土地、预付资金和所出劳力的比例分配收入"的生产和分配方式；等到生产力发展到一定阶段，就可以逐渐把合作社转为更高级的形式（恩格斯，1972）。

囿于所处时代的限制，马克思和恩格斯的农业集体化理论缺乏得到实践的必要社会条件，只能更多地停留在对未来社会主义集体化道路的科学设想基础之上。虽然如此，马克思和恩格斯关于农业集体化思想的经典论述，对于我们今天建设社会主义新农村仍然具有重要意义。

德国思想家、哲学家、革命家、教育家，全世界无产阶级和劳动人民的伟大导师，马克思主义的创始人之一，马克思的挚友弗里德里希·冯·恩格斯（Friedrich von Engels, 1820.11.28—1895.8.5）

马克思、恩格斯和马克思的3个女儿

七 农业集体化理论的起源、发展及其中国化 | 61

（二）
列宁的合作社思想

列宁对合作社的态度并非一以贯之，而是经历了一个由否定到肯定的发展过程。十月革命以前，列宁对合作社是持基本否定态度的。他指出合作社在无产阶级斗争过程中发挥了积极作用的同时，也有它的局限性。他将农业中的合作社类比为工业中的托拉斯，认为"两者的社会经济内容是完全一样的"，都是"资本主义制度这部机器上的一个小零件"。在这一时期，列宁设想通过农业公社、共耕社和劳动组合3种形式来发展社会主义大农业。他在写于1917年的一些文章中说道：在无产阶级夺取政权以后，要实现土地国有化，把所有的土地和没收来的耕畜、农具都交给农民苏维埃和农民委员会支配，建立公共经营的大农场、示范农场、共同耕作的大农场、共同耕作的示范农场（列宁，1985）。

十月革命胜利后的1918—1920年，苏联采取了"战时共产主义"政策，实行余粮收集制，对土地和全国所有工业企业均进行国有化，建立国营农场和集体农庄，取消自由贸易并实行劳动义务制和平均主义分配制度，试图一步到位迈入社会主义。"战时共产主义"政策帮助苏维埃在国内战争时期渡过了危机，但随着战争的结束，其弊端也越来越明显地暴露出来：苏联出现了生产力的严重下降，人民表现出强烈的不满，严重的经济危机和政治危机一触即发。列宁对此进行了深刻的反思，指出："我们原来打算（或许更确切些说，我们是没有充分根据地假定）直接用无产阶级国家的法令，在一个小农国家里按共产主义原则来调整国家的生产和产品分配。现实生活说明我们犯了错误。"（列宁，1987a）"现在还不能设想向社会主义和集体化过渡。"（列宁，1986a）至此，列宁放弃了从"战时共产主义"政策直接过渡到社会主义的设想，开始探寻更加

马克思、恩格斯学说和事业的继承者，列宁主义的创始人，苏联共产党和苏维埃国家的缔造者弗拉基米尔·伊里奇·列宁（1870.4.22—1924.1.21）

1919年5月25日列宁在莫斯科红场上向群众发表演说

符合苏联实际情况的经济政策。

1921年3月，苏联开始实行以向社会主义过渡为目的的"新经济政策"，它主要包含以下四方面内容：第一，以粮食税代替余粮收集制，纳税后多余的粮食归农民自己支配；第二，关系到国家命脉的工业企业由国家经营，但也允许资本家经营一些中小企业和国家无力兴办的企业，恢复私人小企业；第三，流通方面允许自由贸易；第四，分配上实行按劳分配。随着新经济政策的实施，1921年春天的危机迅速消失，工农业生产都逐步恢复到战前水平，苏维埃政权也进一步得到了巩固，新经济政策受到广大工人和农民的欢迎。经历过"战时共产主义"政策的教训和新经济政策的实践经验，列宁的合作社思想开始萌芽。他在1921年4月撰写的《论粮食税》一文中首次表述了他的合作社思想。列宁主张把资本主义的发展纳入国家资本主义的轨道，因为"与小私有者的自发势力比较，国家资本主义是一个进步"，是走向社会主义的"中间站"。他并且指出："全部问题，无论是理论上的还是实践上的问题，在于找出正确的方法，即应当怎样把不可避免的（在一定程度上和在一定期限内不可避免的）资本主义的发展纳入国家资本主义的轨道，靠什么条件来做成这件事，怎样保证在不久的将来把国家资本主义变成社会主义。"而合作制就是这里所说的正确的方法之一，也是国家资本主义的4种主要形式之一。"既然粮

七 农业集体化理论的起源、发展及其中国化

食税意味着可以自由出卖剩下的（纳税以后）的余粮，那么我们就必须竭力设法把资本主义的这种发展（因为买卖自由、贸易自由就是资本主义的发展）纳入合作制资本主义的轨道。从便于计算、监督、监察以及便于推行国家（这里指苏维埃国家）和资本家之间合同关系说来，合作制资本主义和国家资本主义相类似。""合作制政策一旦获得成功，就会使我们把小经济发展起来，并使小经济比较容易在相当期间内，在自愿联合的基础上过渡到大生产。"（列宁，1986b）同时，列宁认为应当首先在农产品的流通领域建立供销合作社和消费合作社，然后才在农产品的生产方面建立生产合作社。

伴随着新经济政策实施近两年来，合作社运动蓬勃发展并取得巨大的成就，列宁的合作社思想也慢慢成熟。此时，列宁已经不再把合作社视为国家资本主义的形式，不再将其视为向社会主义过渡的中间环节，而指出"在生产资料公有制的条件下，文明的合作社工作者的制度就是社会主义制度"（马赛，2007）。随后列宁又在1923年1月口授的《论合作社》一文中全面阐述了他的合作社思想，认为"合作社是一种集体经济；发展合作社应先从流通领域入手；无产阶级国家必须在财政上大力援助合作社；为了实现合作社，'需要有全体人民群众在文化上提高的一整个阶段'"，提出"以商品经济为纽带、以农民自觉自愿为前提、以互助合作为基础，从建立供销合作社与消费合作社入手，逐步建立起更高形式的生产合作社，即通过合作社，最终把千百万个个体小农引上社会主义道路"。列宁把合作社运动和新经济政策视为苏联在当时的经济和社会条件下走向社会主义的必由之路，并且指出这个时期"需要整整一个历史时代，在最好的情况下……也要一二十年"（列宁，1987b）。

列宁与斯大林

（三）斯大林的农业全盘集体化思想

斯大林执政初期的经济政策，还与列宁晚年提出的合作社思想与新经济政策一脉相承，然而这样的局面只持续了短短几年。从1928年开始，斯大林领导和发动了农业全盘集体化运动，并开始实施苏联向现代化工业国家转型的第一个五年计划。从根本上说，苏联的农业全盘集体化运动只是斯大林经济建设思想中很重要的一部分，与他的优先发展重工业思想有着密不可分的联系。因此，只有从整体上把握了斯大林的经济建设思想，才能全面理解和客观评述苏联的农业全盘集体化运动与斯大林的农业全盘集体化思想。

1927年12月，联共（布）召开第十五次代表大会之际，斯大林在大会的报告中指出农业的发展"满足不了高速度发展的工业化的需要"，而"出路就在于把分散的小农户转变为以公共耕种制为基础的联合起来的大农庄，就在于转变到以高度新技术为基础的集体耕种制"。此时，斯大林的农业全盘集体化思想已经开始萌芽，联共（布）十五大也因此被命名为"集体化大会"。在这一阶段，斯大林对于富农的政策是保守的，虽然十五大提出要"向富农发出进攻"，但尚未提到要完全"消灭富农"。

1927年，苏联爆发了粮食收购危机，布哈林指出导致粮食收购危机的主要原因在于："重工轻农"政策导致了经济发展比例失调，工业与农业、重工业与轻工业、消费与积累之间不能得到有效平衡，工农产品价格的剪刀差严重违背了价值规律（王春良，2000），而斯大林却固执地认为，粮食收购危机主

约瑟夫·维萨里奥诺维奇·斯大林（1878.12.18—1953.3.5），原姓朱加什维利，格鲁吉亚人。苏联政治家，苏联共产党中央委员会总书记、苏联部长会议主席（苏联总理）、苏联大元帅，是在苏联执政时间最长（1924—1953）的最高领导人。对20世纪苏联和世界影响深远

七 农业集体化理论的起源、发展及其中国化

要是由于富农破坏和阶级斗争的尖锐化造成的。这种认识上的错误不可避免地导致了政策上的偏差——"非常措施"的实施，这意味着新经济政策的终止和用行政手段解决一切经济问题和社会问题时期的开端。联共（布）十五大之后，斯大林在视察西伯利亚期间指出"必须逐步而又坚定不移地把出产商品最少的个体农民经济联合为出产商品最多的集体经济，联合为集体农庄"，"必须使我国各地区毫无例外地都布满集体农庄和国营农庄"。这实际上是斯大林首次正式地提出农业全盘集体化政策（吕卉，2010），提出这一政策的直接原因是为了保证粮食收购工作顺利进行，而根本原因则是为了满足高速发展的工业化对于农业的大量需求。显然，这与联共（布）十五大决议里所说的逐步地、自愿地把个体小农经济联合并改造为大规模集体经济是相悖的。

1929年末，苏联农业全盘集体化运动进入高潮阶段；与此同时，限制富农的政策已经演化为大规模的"消灭富农"运动。在农业集体化运动和建立集体农庄的过程中，斯大林也没有遵循恩格斯所提出的自愿原则和列宁提倡的用"尽可能使农民感到简便易行和容易接受的方法"，而是用行政命令和暴力来解决一切经济问题和社会问题。至此，苏联农业全盘集体化运动已经演变成一场消灭富农阶级和强制农民加入集体农庄的

斯大林、罗斯福和丘吉尔

暴力运动，它对苏联的农业生产力造成了严重的破坏，并成为20世纪30年代苏联爆发大饥荒的重要原因。

（四）毛泽东的农业合作化思想

毛泽东的农业合作化思想是毛泽东思想的重要组成部分，它既是对马克思、恩格斯和列宁合作社思想的继承和发展，也是对中国国情的恰当分析和把握。

毛泽东的农业合作化思想可以从他的合作社思想谈起。这要追溯到大革命时期（1924—1927），这一时期可被视为毛泽东合作社思想的萌芽阶段。毛泽东相当重视农民问题的解决，他在《国民革命与农民运动》一文中指出，在中国这样一个农民人口占绝大多数的国家，"农民问题乃国民革命的中心问题"，"中国的农民运动乃政治争斗、经济争斗这两者汇合在一起的一种阶级争斗的运动"（毛泽东，1993）。1927年3月，毛泽东发表了《湖南农民运动考察报告》一文，他指出："合作社，特别是消费、贩卖、信用三种合作社，确是农民所需要的。他们买进货物要受商人的剥削，卖出农产要受商人的勒抑，钱米借贷要受重利盘剥者的剥削，他们很迫切地要解决这三个问题。"（毛泽东，1991a）1927年6月，《第五次大会前中央农委关于协作社之决议草案》指出，"在目前中国民主革命尚未完全得着胜利保障之时"，要"利用合作社为强有力的经济武器以反抗奸商重利盘剥者的压迫"，"合作社应当形成一种引导农民加入农协使其参加乡村斗争的组织形式"，"合作社应用全力以帮助农协的发展"（中央档案馆，1989）。这一阶段，毛泽东对合作社的认识仅仅局限于流通领域，尚未触及生产领域的合作。但随着革命的不断发展，他对合作社的认识也逐渐深入。

土地革命时期（1927—1937）是毛泽东农业合作化思想的形成阶段。1927年大革命失败后，八一南昌起义打响了武装反抗国民党反动派的第一枪，随后中共八七会议确定了武装革命的新方针，从此拉开了中国共产党独立领导的土地革命战争的

毛泽东主席在撰写农业合作化问题的按语

序幕。同年10月,毛泽东率领秋收起义的部队进军井冈山,创立了中国革命的第一个农村革命根据地——井冈山革命根据地,并提出"工农武装割据"的思想,指出:"土地革命是中国民主革命的中心内容,农民是民主革命的主力军,满足了农民的土地要求,才能最广泛地动员和组织农民群众参加武装斗争,巩固和扩大革命根据地。"在土地革命期间,国民党反动派对革命根据地进行了经济封锁,革命根据地面临物资匮乏、劳动力和生产工具严重短缺的局面,因此,如何从经济上改善广大农民的生活、巩固工农联盟,成为中国共产党人亟待解决的问题。由于缺乏土地革命的经验,年轻的中国共产党绕了一些弯路,但实事求是的中国共产党人很快认识到只有从中国革命的实际出发,才能真正取得最后的胜利。在1930年10月召开的峡江会议上,毛泽东指出,应当在农村"组织农业生产合作社,没收反革命的及富农多余的牛力、耕具帮助雇农耕种"(中国社会科学院经济研究所中国现代经济史组,1981)。此时,毛泽东对合作社的认识已从流通领域发展到了生产领域,他的农业合作化思想逐步形成。1930年5月至1934年1月期间,毛泽东相继发表了《寻乌调查》、《查田运动的群众工作》、《我们的经济政策》、《长冈乡调查》和《才溪乡调查》等文章,指出了应当如何带领农民进行经济斗争,以及组织农业合作社的基本要点;中华苏维埃共和国临时中央政府也于1933年相继颁布了《劳动互助社组织纲要》、《土地人民委员部关于组织犁牛合作社的训令》等文件,进一步阐述了劳动互助社的作用、发展、组织原则和方法:首先,阐明了劳动互助社的作用,"劳动互助社的作用,是在农村中农民互相帮助做工,有计划地去调剂农村中的劳动力,使一方面劳动力有余的不致闲置,一方面劳动力不足的,不致把农事废弃";其次,阐明了农业合作社与革命战争的关系,认为农业合作社应当为战争服务,"只有开展经济战线方面的合作,发展红色区域的经济,才能使革命战争得到相当的物质基础,才能顺利地开展我们军事上的进攻";再次,指出在合作社的发展过程中,应当坚持自愿和互利的原则,"劳动互助社的发展,依靠把互助社的作用,向群众作详细的宣传解释,使各人自愿入社,不得用强迫命令方法";最后,阐明了互助合作社的组织原则,"劳动互助社以村为单位组织,最大的只能以乡为范围,乡以上不应有组织","加入互助社者以家为单位,凡是农民(贫农中农)、农业工人及其他有选举权的人,不论男女老幼,都可以加入,但地主、富农、资本家以及其他无选举权的,一律不准入社"。这一阶段,毛泽东的农业合作化思想主要是为了解决战时物资紧张的问题,并未较多从经济领域思考其解决方法,但他对合作社的认识已经从流通领域发展到了生产领域,这为其后来农业合作化思想的发展与成熟打下了基础。

抗日战争时期(1937—1945)是毛泽东农业合作化思想的成熟阶段。在这一阶段,毛泽东对其农业合作化思想进行了系统阐述。体现毛泽东农业合作化思想的文章主要有:1942年12月《经济问题与财政问题》、1943年10月《论合作社》、1943年11月《组织起来》和1945年1月《必须学会做经济工作》。毛泽东认为:第一,农业合作化道路是动摇封建统治经济基础的唯一方式。他指出:"在农民群众方面,几千年来都是个体经济,一家一户就是一个生产单位,这种分散的个体生产,就是封建统治的经济基础,而使农民陷于永远的穷苦。克服这种状况的唯一办法,就是逐渐地集体化;而达到集体化的唯一道路,依据列宁所说,就是经过合作社。"(毛泽东,1991b)第二,合作社的本质是为人民群众服务。他指出:"合作社性质,就是为群众服务,这就是处处想到群众,为群众打算。把群众的利益放在第一位。……也只有这种为群众的学

1943年11月29日毛泽东在中共中央招待陕甘宁边区劳动英雄大会上发表《组织起来》的讲话

七 农业集体化理论的起源、发展及其中国化 | *69*

1949年12月至1950年2月,毛泽东首次访问苏联。这是毛泽东同斯大林等在一起

说,才能把生产搞好。"(毛泽东,1971)第三,明确指出合作社的性质既不是社会主义的,也不是资本主义的,而是具有社会主义萌芽的半社会主义性质。"我们的经济是新民主主义的,我们的合作社目前还是建立在个体经济基础上(私有财产基础上)的集体劳动组织。"(人民出版社,1964)第四,合作社的组织形式可以是多种多样的。毛泽东在《组织起来》一文中归纳了合作社的4种组织形式:农业生产合作社、综合性合作社(包括生产合作、消费合作、运输合作、信用合作)、运输合作社(运盐队)以及手工业合作社。

解放战争时期(1945—1949)是毛泽东农业合作化思想的完善阶段。在这一阶段,体现毛泽东农业合作化思想的代表作有:1945年11月7日《减租和生产是保卫解放区的两件大事》、1947年12月《目前形势和我们的任务》、1948年4月1日《在晋绥干部会议上的讲话》和1949年3月《在中国共产党第七届中央委员会第二次全体会议上的报告》等。他在这些文章中系统论述了合作社经济在新民主主义社会乃至今后的社会主义社会中的重要地位和具体的发展途径:第一,"单有国营经济而没有合作社经济,我们就不可能领导劳动人民的个体经济逐步地走向集体化,就不可能由新民主主义国家发展到将来的社会主义国家,就不可能巩固无产阶级在国家政权中的领导权。谁要是忽视或轻视了这一点,谁也就要犯绝大的错误"

王涧村的老土房墙上还隐约可见标语：毛泽东思想是全党全国一切工作的指导方针（刘倩 摄）

（毛泽东，1964）；第二，合作社的发展是一个长期的过程，要"使合作社成为普遍的社会制度，必须经过长期的艰苦的工作，才能一处一处和一步一步地做到"（薄一波，1991）；第三，个体经济今后应当向集体经济和国营经济发展，"占国民经济总产值百分之九十的分散的个体的农业经济和手工业经济，是可能和必须谨慎地、逐步地而又积极地引导它们向着现代化和集体化的方向发展，任其自流的观点是错误的"（毛泽东，1964）。

过渡时期（1949—1956）是毛泽东农业合作化思想的发展阶段。新中国成立以后，毛泽东的农业合作化思想得到了进一步发展，并成为20世纪50年代中国农业化合作运动的主要指导思想。这一阶段，毛泽东的农业合作化思想主要体现在中共中央制定和颁布的一系列法律、报告和政府公文之中，如1950年7月《中华人民共和国合作社法（草案）》、1951年12月《中共中央关于农业生产互助合作的决议（草案）》、1953年12月《中共中央关于发展农业生产合作社的决议》、1955年1月《中共中央关于整顿和巩固农业生产合作社的通知》和1955年10月《关于农业合作化问题的决议》等。这一时期毛泽东农业合作化思想的主要内容有：第一，指出发展农业合作社是对小农经济进行社会主义改造的必然前途。毛泽东提倡大力发展合作社的直接原因是由于土地改革后不久，农村地区开始出现的两极分化现象，而"发展合作运动是限制农村中的资本主义和增加农业生产的主要办法"（中华人民共和国国家农业委员会办公厅，1981）。《中共中央关于农业生产互助合作的决议（草案）》要求全党"把农业互助合作当作一件大事去做"（毛泽东，1977），并且指出"这种互助合作在现在是建立在个体经济基础上（农民私有财产的基础上）的集体劳动，其发展前途就是农业集体化或社会主义化"（薄一波，1991）。第二，明确指出要在10～15年的时间内，实现农业集体化，完成向社会主义的过渡。1952年9月中央书记处开会讨论"一五"计划时，毛泽东首次提出："我们从现在就要开始用10年到15年的时间基本上完成到社会主义的过渡，而不是10年或者以后才开始过渡"（薄一波，1991），而过渡时期的农业也"准备在今后十年至十五年内将中国多数农民组织在农业生产合作社和集体农场内，基本上实现中国农业经济集体化"（薄一波，1991）。第三，指明了农业合作化道路应当采取"互助组—初级社—高级社"的"三步走"方式逐步推进。毛泽东于1953年6月在中央政治局会议上提出了"一化三改"的过渡时期总路线，其中对农业进行社会主义改造的实质就是农业的合作化。在毛泽东发表于1953年10月的《对中央关于统购粮食的宣传要点稿的修改》一文中，又对农业社会主义改造的路线、方针和政策进行了详细阐释：对于农业的社会主义改造"就是按照农民自愿（不能单靠行政命令，尤其不能采取强迫办法），一步一步地发展互助合作运动，由办带有社会主义萌芽性质的互助组到办半社会主义的生产合作社，再发展到办全社会主义的生产合作社（集体农场）"（毛泽东，1990）。第四，确立了先农业合作化后农业机械化的发展道路。1955年7月，毛泽东在《关于农业合作化问题》的报告中详细阐述了这一思想，他指出："在农业方面，在我国的条件下（在资本主义国家内是使农业资本主义化），则必须先有合作化，然后才能使用大机器。"（毛泽东，1999）"我们党在农业问题上的根本路线是，第一步实现农业集体化，第二步在农业集体化的基础上实现农业的机械化和电气化。"（毛泽东，1986）

（五）
邓小平的农业集体化思想

邓小平作为我国第一代领导集体的主要成员、第二代领导集体的核心成员，经历过我国农业集体化道路的各个阶段。他对我国的农业集体化道路有着自己的思考与认识，他的农业集体化思想体现在中共中央当时颁发的许多政策文件和他的一系列讲话中，这些关于农业问题的认识和思想构成了邓小平理论的重要组成部分，也是马克思列宁主义中国化的重要成果之一。

邓小平的农业集体化思想起源于20世纪60年代初。1962年7月7日，邓小平在接见出席中国共产主义青年团三届七中全会全体同志时，谈到了应当"怎样恢复农业生产"。他认为：第一，恢复农业生产的着眼点在于调动农民的积极性和工业支援农业；第二，生产关系可以采取多种多样的形式，"哪种形式在哪个地方能够比较容易比较快地恢复和发展农业生产，就采取哪种形式；群众愿意采取哪种形式，就应该采取哪种形式，不合法的使它合法起来"（邓小平，1994a）。在这次谈话中，邓小平引用了刘伯承说过的"黄猫、黑猫，只要捉住

1992年1月邓小平在深圳视察

七　农业集体化理论的起源、发展及其中国化 | 73

"发展才是硬道理"是邓小平经济思想的核心

老鼠就是好猫",将这句四川民谣发展成了中国历史上著名的"猫论",并且主张将安徽、河南等地农村为解决粮食供应困难而实行的"包产到户"合法化。然而,这些被后来的实践证明是正确的思想不但没有被中央所采纳,反而受到中央的批判。在"文化大革命"中,邓小平被撤销了一切职务,并被下放到江西南昌进行劳动改造,但职务的中断并未中止邓小平对于中国未来道路的思考;1973年复出后,他继续探寻中国社会主义的建设道路,思考中国农业集体化道路的实现形式。

邓小平农业集体化思想形成于20世纪70年代末至80年代初。1978年12月18日至22日,中共十一届三中全会在北京召开,大会作出了实行改革开放的伟大决定,农村的改革进程也随之启动。1978年底,安徽省凤阳县小岗村的18户农民顶着巨大的压力签订了一份"包干到户"的合同,由此拉开了中国农村经济体制改革的历史帷幕。然而在当时,对于"包产到户"、"包干到户"的批评和争论一直不绝于耳。在"包产到户"、"包干到户"责任制的推行遇到重重阻力的时候,邓小平以卓越的胆识对之给予了坚定的支持。1980年5月31日,邓小平在同中央负责工作人员的谈话中,公开地肯定了小岗村的做法,指出"包产到户"是集体经济的发展方向,鼓励大家解放思想,从群众的意愿出发,更好地发展农业生产力以巩固集体经济。1980年9月27日，中共中央印发了《关于进一步加强和完善农业责任制的几个问题》的通知（即中央75号文件），对"包产到户"的做法给予了肯定。1982年1月1日，中共中央正式出台了第一个关于"三农问题"的一号文件，明确指出"包产到户"、"包干到户"和"大包干"都是"社会主义生产责任制"，"是社会主义农业经济的组成部分"。

邓小平农业集体化思想成熟于20世纪80年代末90年代初，主要标志为"两个飞跃"思想的提出，这也是邓小平农业集体化思想的集中体现。1988年9月5日，邓小平在会见捷克斯洛伐克总统胡萨克时，提出了"科学技术是第一生产力"的科学论断，随后又在1988年9月20日听取关于价格和工资改革初步方案汇报时，再次提到要把科学技术作为第一生产力的主张，这一科学论断的提出为后来"两个飞跃"思想形成奠定了理论基础。1990年3月，邓小平在同江泽民等中央负责同志谈话时，正式提出了有关中国农业改革和发展的"两个飞跃"思想，他指出："中国社会主义农业的改革和发展，从长远的观点看，要有两个飞跃。第一个飞跃，是废除人民公社，实行家庭联产承包为主的责任制。这是一个很大的前进，要长期坚持不变。第二个飞跃，是适应科学种田和生产社会化的需要，发展适度规模经营，发展集体经济。这是又一个很大的前进，当然这是很长的过程。"（冷溶 等，2007）1992年7月，邓小平在审阅中共十四大报告时，又重申了"两个飞跃"思想，并对其进行了补充和完善，明确了农村发展集体经济的必要性和必然性，"我讲过，农业的改革和发展会有两个飞跃，第一个飞跃是废除人民公社，实行集体联产承包为主的责任制，第二个飞跃就是发展集体经济"（冷溶 等，2007）。这就是邓小平"两个飞跃"思想的全部内容，它一方面强调了废除人民公社、实行家庭联产承包责任制是现阶段农村发展的必经之路，另一方面也指出了在实现科学种田后发展集体经济和集约化经营是农村改革和发展的必然选择。"两个飞跃"思想是邓小平农业集体化思想的集中体现，它为中国农村改革和发展指明了前进的方向。

八 集体化运动的实践

（一）
国际经验和教训
——苏联的农业集体化运动

　　列宁逝世后，斯大林执掌了苏联的政权，成为苏联的最高领导人。然而他曲解了列宁早期阐述新经济政策的言论，只强调新经济政策的暂时性和过渡性，最终转向斯大林模式的发展道路。1928年是斯大林思想的一个分水岭：在1928年以前，至少在总的方向和政策上，斯大林基本延续了列宁在世时的合作化思想和新经济政策；1928年以后，斯大林开始了苏联的全盘集体化运动以及与之相伴的一系列镇压农民的政策。回顾苏联1921—1928年的历史，可以清晰地看出斯大林思想的转变过程：1921年春，苏联开始实行新经济政策；经过5年的发展，于1925年国民经济基本恢复到战前的水平；但此时，苏联的工业化水平还相当落后，为了尽快成为世界上第一个社会主义工业化强

苏联的第一个五年计划（1928—1933）项目之一：1932年库兹涅茨克钢铁联合企业一期工程

76

国，联共（布）于1925年召开的第十四次党代表大会上通过了斯大林提出的工业化方针。1927年12月，在联共（布）召开的第十五次党代表大会上，通过了关于制定国民经济发展的第一个五年计划（1928—1933）的指示。于是，1928年，苏联开始实施旨在提高工业化水平的第一个五年计划。伴随着第一个五年计划的实施，苏联也开始了农业的全盘集体化运动。

1927—1929年是苏联农业全盘集体化运动的准备时期。1926年以来，联共（布）中央片面地强调优先发展重工业，农产品价格被强制地、不合理地压低而人为地拉大了工农业产品的剪刀差，导致工农业发展步调不协调，国内市场失衡，这成为1927年苏联爆发粮食收购危机的根本原因（章前明，1995）。而斯大林却把粮食收购危机的原因错误地归咎为富农的破坏和小农商品率太低，决定采用非常措施——没收富农的余粮来应对这一危机。同时，斯大林认为，地主和富农阶级被消灭后，农村小农生产粮食的商品率太低，不能满足工业发展对农产品的需求，并认为集体农庄和国营农庄还很少，从而导致了粮食生产不足的现象，因此，仅仅没收富农的余粮是不够的，还必须尽快展开集体农庄和国营农场的建设，"从落后的分散的小农户转为有机器供应的、用科学成就武装起来的、能生产最大量商品粮的联合的公共的大农庄"（斯大林，1979）。在这样的环境下，苏联的农业全盘集体化运动开始了。

1929年11月，斯大林在《真理报》上发表文章《大转变的一年》，标志着苏联的农业全盘集体化运动进入高潮阶段。

20世纪30年代，苏联官方发表的关于农业集体化的宣传画。1929年，斯大林开始强制实施农业集体化

苏联农业集体化时期的宣传画

在斯大林发表动员文章的几天后，11月10日至17日，联共（布）召开会议讨论建设集体农庄的问题，并通过了在全苏联实施农业全盘集体化的决议。会议结束后，农业全盘集体化方针便在全苏联开始实施。农业全盘集体化运动从一开始就遭到了苏联农民的强烈反抗，然而这种反抗却遭到了政府的镇压，并且农民反抗集体化运动的消息遭到封锁，很多国民甚至中央领导人对此并不知情。不仅如此，许多详细记录苏联农业全盘集体化运动和斯大林执政期间所发生事件的历史文档都被标上了"绝密"字样，这些资料直到苏联解体之后才陆续公诸于世（吕卉，2010）。如《关于1930年农村阶级斗争形式和进展的报告》就详细描述了农民的反抗行动，这些反抗不仅针对农业全盘集体化运动和消灭富农的政策，甚至上升到了反对苏维埃政权本身。参加反抗行动的不仅仅是富农，还包括中农和贫农，他们都被称为"富农帮凶"。在"富农帮凶"中，村妇、小孩和年轻人发挥了很大作用，因为政府拿他们"一点办法也没有"。农民的反抗导致了国内局势动荡不安，对苏维埃政权构成了很大威胁，因此遭到当局的残酷镇压（吕卉，2010）。据《集体农庄中心关于1930年4月1日前加入集体农庄农户数量的报告》，以下这组数据说明镇压行动显然是"成功"的：从1929年10月至1930年3月底，苏联集体农庄的农户数量从

194万户增加到1 394万户,从占全国农民总数比例的7.5%上升到53.5%(吕卉,2010)。

1930年春至1930年秋是苏联农业全盘集体化的退潮阶段。由于农村集体化运动的发展速度过快,势头过猛,引起了各地农民的强烈反抗,群体骚乱事件不断发生。迫于农村地区一触即发的局势,斯大林不得不采取紧急措施缓解紧张的政治氛围。1930年3月初至4月,他在《真理报》上相继发表了《胜利冲昏头脑》、《关于与集体化运动中偏离党的路线作斗争的命令》和《答集体农庄庄员同志们》等文章,公开承认集体化过程违反了自愿原则并忽视了各地区的差异,认为这种做法将"使整个社会主义建设削弱"。然而,斯大林并不承认是自己的指导方针有误,而是把错误归咎于地方干部,指责他们被胜利冲昏了头脑。1930年秋,斯大林下达《关于与集体化运动中偏离党的路线作斗争的命令》后,苏联的农业全盘集体化运动开始纷纷退潮,退潮期一共维持了3个月左右,在一定程度上缓解了苏联紧张的政治氛围。尽管表面上写文章谴责集体化过程中基层干部的偏激行为,但实际上农民在退出集体农庄时却受到苏联当局的重重阻挠。事实证明斯大林的纠偏行动完全是为了缓解紧张的政治局势而采用的权宜之计,他并未真的打算改变现行的农业全盘集体化政策。因为他的优先发展重工业策略要求国家保证充足的粮食供应,而单靠个体小农经济是无法完成粮食收购任务的,只有通过建设集体农庄才能加以解决,新一轮的农业集体化运动正蓄势待发。

1930年,苏联波利索格列布斯克区的农民踊跃加入集体农庄

苏联农民

斯大林在苏联最高苏维埃主席团会议上

1930年6月至7月,联共(布)召开的第十六届代表大会标志着新一轮农业全盘集体化运动高潮阶段的到来。与之前不同的是,新一轮农业全盘集体化运动中,各地基层干部综合运用了经济、行政、组织和镇压手段迫使农民加入集体农庄;不仅进一步提高了集体化比例的指标,还将其以法律的形式固定下来。1931年春天,农业全盘集体化运动达到新的高潮,并且提前和超额完成了全年的任务(吕卉,2010)。然而集体化运动的新高潮仅仅持续了3个月的时间,勉强维持到1931年秋。

从1931年10月开始,农业全盘集体化运动进入后高潮阶段。由于农村出现了粮食危机,大批农民开始自发地退出集体农庄,进入城市打工。农民中的不满情绪也开始集中爆发,有鉴于此,联共(布)中央不得不再次采取温和措施以安抚农民情绪。然而,农民很快便发现这些所谓的温和措施只是空头支票而已,根本无法兑现。当联共(布)当局意识到温和措施并未发挥他们所预期的作用后,便又开始采用镇压手段对农民的反抗行为进行遏制。1932年8月,苏联出台了《关于保护国营企业、集体农庄和合作社财产和巩固社会主义共有所有制法》,这是一部针对农民偷盗行为的极为严厉的法案,其政治意义远远高于经济意义,甚至"高于基本人权"(吕卉,2010)。这部法案的出台标志着镇压的力度开始加强,农民对这部残酷的法案表示出强烈的不满,直到1933年春耕之际镇压的力度才得到减弱(吕卉,2010)。1933年1月,斯大林在中央全会上宣布苏联的农业全盘集体化运动基本完成,并且取得的成就超过预期。一年后的1934年,斯大林在联共(布)第十七次党代表大会上对农业全盘集体化运动做了一个总结,再次强调"集体农庄取得了最终的、彻底的胜利",下一步工作是"逐渐地吸引和教育残余的个体农民",而不需要再"急急忙忙"地实现全盘集体化了。鉴于第一个五年计划的完成和政府与农民之间的紧张关系,联共(布)从1933年夏开始出台了一系列缓和政府与农民紧张关系的政策措施。

从1933年开始，苏联的农业集体化速度逐渐放慢脚步（吕卉，2010）。个体农民获得了比集体庄员更多的自由，虽然他们被课以较重的税赋，拥有的土地面积和生产工具也不如集体农庄的庄员，但他们拥有自由发展经济的权利，并且直接面对市场，可以利用各种机会改善自己的收入状况。因此，绝大部分个体农民的生活条件都要优于集体农庄的庄员。直到1934年6月，联共（布）中央委员才注意到集体化速度缓慢的问题，并于7月专门召开会议讨论相应对策。斯大林

20世纪30年代，苏联反对集体化的富农们在举行抗议

对"集体化比例的增长是依靠农村总人口的减少得以实现的"这一观点表示认同，并且指出，为了让集体化比例"真正地增长"，必须"要让个体农户和集体农庄庄员之间产生差别，要让个体户比集体农庄庄员生活得更差"，由此发起了"向个体农民的进攻"（吕卉，2010）。一方面，1934年9月26日，联共（布）颁布了《1934年向个体农民征收统一税命令》对个体农民课以重税；另一方面，苏联于1935年初开始实施的《农业劳动组合示范章程》为集体农庄庄员提供了更多和更好的福利。在这种情况下，不堪重负的个体农民不得不纷纷加入集体农庄，使得苏联农业集体化的比例开始提高。据统计，全苏联农业集体化比例再一次提高，在1934年和1935年分别达到了71.4%和83.2%（吕卉，2010）。1935年《农业劳动组合示范章程》颁布以来，集体农庄庄员获得了更多发展个人经济的机会，当他们的个人经济状况得到改善后，联共（布）由于担心他们的个人收入会超过集体收入，开始限制集体农庄庄员的个人经济发展。1938年开始，联共（布）签署了一系列限制个人经济发展的命令，防止集体农庄庄员为了发展个人经济而挤占了集体劳动时间。

1939年3月，斯大林在联共（布）第十八次党代表大会中

指出："农业集体化最终完成，集体农庄制度得到了彻底的巩固。"这标志着苏联长达10余年的农业集体化运动落下了帷幕。

斯大林的优先发展重工业战略和农业集体化思想虽然给当时苏联的农业生产力造成了极大的破坏，给苏联农民阶级带来了巨大的痛苦，但不可否认的是，它为苏联的工业化打下了坚实的物质基础，使苏联快速地步入工业化国家的行列；强大的工业基础，巩固了苏联的国防实力和军事战斗力，成为苏联反法西斯战争的坚强后盾，也为苏联在国际政治的舞台上赢得话语权作出了不可磨灭的贡献。

（二）集体主义在中国农村的实践与发展

中国农村的集体化运动主要体现在对农业集体化道路的探索方面，这是一个极为复杂的历史过程。从新中国成立初期的土地改革，经农业合作化运动到人民公社化运动，再到家庭联产承包责任制的确立，中国的农业集体化道路在曲折中前进。根据集体化程度和主要组织形式的不同，中国的农业集体化道路可被分为4个阶段。

1950年6月30日，《中华人民共和国土地改革法》公布施行

中国第一个集体农庄——星火集体农庄于1951年2月诞生在黑龙江省桦川县星火朝鲜乡。图中庄员们正在用苏联式脱粒机脱粒

星火集体农庄的儿童们课余在田间拾稻穗

1. 土地革命

1950—1952年的土地改革是中国农业集体化道路的第一阶段。新中国成立初期，占国土面积约2/3的新解放区和即将解放的地区尚未进行土地革命，在这些地区，占农村人口不到10%的地主富农，占有土地总数的70%~80%，且多是质量好的土地；占农村人口90%的贫雇农及其他人口，却只占有土地的20%~30%，且多是贫瘠的土地（刘海藩 等，2005）。面对农村中这种贫富差距两极分化的状况，中国共产党决定进一步改革土地所有制结构，彻底终结地主阶级封建剥削的土地所有制。1950年6月30日，中央人民政府正式颁布了《中华人民共和国土地改革法》。这部法律系统地规定了土地改革的目的、内容、总路线和实施细则，指出土地改革的目的是"废除地主阶级封建剥削的土地所有制，实行农民的土地所有制，借以解放农村生产力，发展农业生产，为新中国的工业化开辟道路"。新解放区土地改革总路线是："依靠贫农、雇农，团结中农，中立富农，有步骤地有分别地消灭封建剥削制度，发展农业生产。"土地改革从1950年冬天开始，有领导地分批分期进行，主要分为3个批次：第一批从1950年秋冬至1951年春，第二批从1951年秋冬至1952年春，第三批从1952年秋冬至1953年春；大致分为发动群众、划分阶级、没收和分配地主土地财

产、复查总结和动员生产等步骤。截至1953年春，除了一些少数民族地区外，我国大部分地区普遍完成了土地改革（宋彦强，2012）。土地改革的胜利完成结束了中国几千年来的封建剥削制度，实现了"耕者有其田"的新土地制度，极大地调动了农民的生产积极性，巩固了工农联盟和人民民主政权，也为国家的工业化奠定了一定的农业基础。

2. 农业合作化运动

1953—1956年的农业合作化运动是中国农业集体化道路的第二阶段。通过土地改革建立的农民土地所有制虽然消灭了剥削，让农民翻身做了土地的主人，但从其所有制的属性来看，它依然是土地私有制，这种以个体农户为基础的小农经济仍然不能从根本上避免农村贫富差距拉大的状况和两极分化的产生。因此，土地改革完成后，农村中贫富差距拉大、两极分化的现象日趋严重。在此背景下，对农业进行社会主义改造，变革小农经济的生产方式，建立农业的社会主义生产关系是中国共产党人面临的当务之急，也是由新民主主义社会向社会主义社会过渡的必经阶段。对农业的社会主义改造的实质就是农业合作化运动，农业合作化是在中国共产党领导下，通过各种互助合作的形式，把以生产资料私有制为基础的个体农业经济，

20世纪50年代的农业合作化运动

改造为以生产资料公有制为基础的农业合作经济的过程。这一社会变革过程,亦称农业集体化。实际上,在一些土地改革完成较早的老解放区,已经开始了农业生产互助合作的尝试。1951年,中共中央颁布了第一个关于农业生产互助合作的决议草案——《关于农业生产互助合作的决议(草案)》,提出了一些发展农业生产互助合作的基本政策,对以土地入股为特点的农业生产合作社进行了肯定(宋彦强,2012)。1953年2月15日,中共中央正式颁布了《关于农业生产互助合作的决议》,对农村中已经出现的各种农业生产合作组织加以肯定;随后又于1953年12月16日,通过了《关于发展农业生产合作社的决议》,这两个决议极大地调动了农民生产互助的热情,从此农业合作化运动开始稳步向前推进。

山西平顺县李顺达农业互助组

农业生产合作社干部选举

整个农业合作化运动的过程,可以分为3个阶段3种形式:1949年10月至1953年是农业社会主义改造的第一阶段,这一阶段以开办农业生产互助组为主要合作形式,同时试办初级形式的农业合作社。农业生产互助组又可分为临时性的初级互助组和常年互助组。互助组成员的生产资料仍归农民个人所有,土地也并不统一经营,但劳动者会联合起来进行集体劳动,互相帮助生产,但其组织规模比较小。互助组具有社会主义萌芽的性质,常年互助组比临时性的互助组有着更多的社会主义因素。据统计,"到1952年年底,组织起来的农户,占全国总农户的41.77%,共有互助组830万个,农业生产合作社3 363个。在老解放区,组织起来的农户,一般占农户总数的65%以上,在新解放区,一般也占到25%左右"(中国科学院经济研究所农业经济组,1957)。在建立和发展互助组的过程中,各地都不同程度地出现了下指标、强迫编组的急躁冒进倾向(刘秉龙,2006)。针对这一现象,中共中央颁布了一系列指示和决议,强调"稳步前进"的方针。1954—1955年上半年是农业社会主义改造的第二阶段,这一阶段农业生产初级社在全国普遍建立和发展。农业生产初级社是在互助组的基础上建立起来的,是一种具有过渡性质的经济组织。它以土地入股和统一经营为特点,土地和其他生产资料仍归农民个人所有,但由合作社统一安排使用、统一经营。初级社积累了一定的公共财产,产品分配部分实现了按劳分配的原则,劳动收入采用工

农民申请加入农业生产合作社

宣传画《农业生产合作社小麦丰收》

1955年，毛泽东在南京郊区饶辰乡十月农业合作社和群众交谈

分制，土地、牲畜和大型农具等生产资料采用入股分红的办法进行分配。由于进行集体劳动和统一经营，但土地和生产资料依然属于农民私人所有，初级社是一种具有半社会主义性质的经济组织。在一系列政治运动的推动下，农业合作社发展迅猛。"到1955年初就在全国发展到67万个合作社，当年6月初对合作社进行整顿和巩固工作后还有65万个，入社农户达1 690万户。当时成立的合作社仍然是以初级社为主，土地和大型生产资料私有公用，折价入股并参与分配。"（余永龙 等，1998）由于发展速度过快，不少地区又违反了自愿互利的原则，出现了强迫农民入社的情形。针对这一现象，中共中央于1955年1月10日发出《关于整顿和巩固农业合作社的通知》；同年3月上旬，毛泽东提出"停、缩、发"三字方针，要求各地停止发展，集中力量进行巩固，并在少数地区适当收缩。到1955年7月，经过整顿和巩固，全国农业合作社的规模收缩到65万个。1955年夏，围绕这65万个保留下来的合作社，党内出现了不同意见。毛泽东提出要加快合作社的发展速度，提出到1956年发展到100万个合作社的目标，而当时的中央农村工作部部长邓子恢则认为农业合作化运动应当先"打好扎实的基础"，稳步发展，整顿和巩固现有的合作社。毛泽东在1955年7月31日召开的省、市、自治区党委书记会议上作了《关于农业合作化问题》的报告，批判这种观点"像一个小脚女人，东

农业实现合作化后，农民代表向党中央和毛泽东报喜

摆西摆地在那里走路"，并认为合作化的高潮即将到来。1955年下半年至1956年年底是农业社会主义改造的第三阶段，这一阶段以高级农业生产合作社为主要形式。它是在初级社的基础上发展起来的农业合作社，规模比初级社大。在高级社，牲畜、大型农具等生产资料归集体所有，土地由集体统一经营，个人收入采用按劳分配的原则。高级社实际上是把土地的个人占有和集体使用变成了集体占有和使用，是合作制向集体制的过渡，因此它被认为是一种具有完全社会主义性质的经济组织。1955年10月召开的中共七届六中全会通过了《关于农业合作化问题的决议》，并对"右倾保守思想"提出严厉批评，并制定了一系列逐步将初级社转变为高级社的计划。此后，农业合作化运动进入高潮阶段。到1956年底，参加合作社的农户占全国农户总数的96.3%，其中参加高级社的农户占全国农户总数的87.8%，在全国基本实现了农业合作化，农业的社会主义改造基本完成。农业社会主义改造的完成，将分散的个体农民组织起来，将农民的个体所有制转变成了社会主义的集体所有制。①

---

① 引自百度百科："农业社会主义改造"词条。

3. 人民公社化运动

1958—1983年长达20多年的人民公社化运动是中国农业集体化道路的第三阶段。在农业的社会主义改造完成后，中国农业的集体化道路开始转向公社化运动。1958年3月20日，中共中央政治局成都会议通过了《关于把小型的农业合作社适当地合并为大社的意见》，指出为了适应我国农田水利化和耕作机械化的要求，有必要将小型的农业合作社有计划地合并为大社，以保障国家工业化的农业积累和为大型水利工程建设提供劳动力。这次会议后，全国各地掀起了一股小社并大社的热潮。

1958年4月20日，我国第一个人民公社——"嵖岈山卫星人民公社"在河南省驻马店市遂平县诞生。1958年8月，中共中央政治局在北戴河召开的扩大会议上通过了《中共中央关于在农村建立人民公社问题的决议》，指出：几十户、几百户的单一的农业生产合作社已不能适应形势发展的要求，建立农林牧副渔全面发展、工农商学兵互相结合的人民公社，是指导农民加速社会主义建设，提前建成社会主义并逐步过渡到共产主

1958年国庆节，在北京天安门举行的庆典活动中公社社员抬着"人民公社好"的大标语牌在长安街游行

义所必须采取的基本方针。这次会议掀起了"大跃进"和人民公社化运动的高潮,此后,人民公社化运动在全国迅速发展起来,不少地区刮起了"一平二调三收款"的"共产风"。"平均主义"和"无偿调用"的政策严重挫伤了农民的生产积极性,极大地破坏了农业生产力,是导致1959—1962年"三年困难时期"的重要原因。有鉴于此,中央不得不采取一系列调整和整顿措施。1958年11月2日至10日,中共中央在郑州召开会议,开始纠正人民公社化运动中的"左"倾错误。1960年11月3日,中共中央下发了《关于农村人民公社当前政策问题的紧急指示信》,指出"在农村人民公社化初期产生的一平二调的'共产风',是违背人民公社现阶段政策的,是破坏生产力的",因此"必须坚决反对,彻底纠正",并规定:将"生产队为基础的三级所有制"作为人民公社的根本制度,"允许社员经营少量的自留地和小规模的家庭副业","坚持各尽所能、按劳分配的原则","有领导、有计划地恢复农村集市,活跃农村经济"。1961年3月,中共中央又颁发了《农村人民公社工作条例(草案)》,进一步明确了"三级所有,队为基础"的人民公社根本制度,这对缓解生产与分配间的不公、调动农民

1958年4月全国第一个人民公社诞生在河南遂平,它就是嵖岈山卫星人民公社

嵖岈山卫星人民公社生产队食堂为社员准备免费午餐——捞面条
(魏德忠 摄)

八 集体化运动的实践

的生产积极性起到了一定作用。此后的20余年间,人民公社制度基本保持不变,直至改革开放后家庭联产承包责任制的实施。1983年10月12日,中共中央和国务院颁布了《关于实行政社分开 建立乡政府的通知》,废除了在中国实行长达20多年的人民公社体制,建立了乡政府,这是中国农村行政体制的一次重要改革,改革后的行政架构一直延续至今。

不可否认,人民公社制度在一定程度上具有其积极的意义。它在中国历史上首次将农民有序地组织起来,从事农业生产和农田水利基本建设,这为国家优先发展重工业的战略措施积累了人力和物力资源,提供了必要的农业剩余,让工业得以快速发展。然而,人民公社的"政社合一"体制,没能很好地兼顾国家、集体和个人之间的利益关系,这种牺牲个人利益来成全集体利益的做法严重地影响了农民的生产积极性,导致中国长达20多年的农业生产停滞不前,这使它最终难逃解体的命运。家庭联产承包责任制就是在这种历史背景下应运而生的。

4. 家庭联产承包责任制

家庭联产承包责任制的实行是中国农业集体化道路的第四

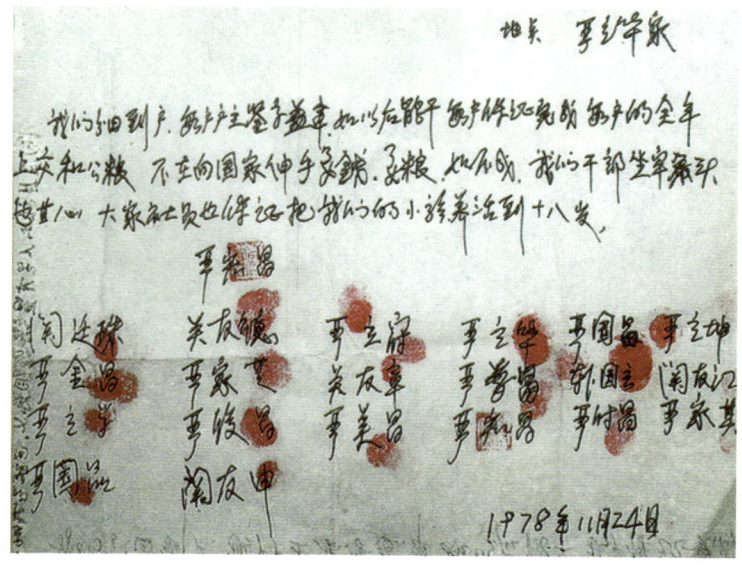

1978年11月24日安徽省凤阳县梨园公社严岗大队小岗生产队18户农民在协议书上按下红手印

阶段，这一制度从20世纪70年代末开始推行，一直沿用至今。家庭联产承包责任制是指农户以家庭为单位，向集体承包土地等生产资料以及获得剩余索取权的农业生产责任制。它是我国农村土地制度的一项重要改革，是源自中国农民的伟大制度创新。

家庭联产承包责任制是"统分结合的双层经营体制"，其主要特点是"集体所有，分户经营"。集体组织仍然拥有土地的所有权，但将土地的经营权和收益权下放给农户，这样就打破了过去生产和分配的"平均主义"体制，充分调动了广大农民的生产积极性，极大地促进了农村和农业的发展。家庭联产承包责任制主要有4种形式：包产到户、包产到组、包干到组和包干到户。

总体来说，家庭联产承包责任制自开始实施至今，可被划分为两个发展阶段。第一阶段是从20世纪70年代末家庭联产承包责任制的实行开始，至2003年3月1日《中华人民共和国农村土地承包法》的实施为止，这一阶段农民获得了土地的使用权与收益权，但没有转让权，这一阶段农民关于土地的产权是不完全的（许庆，2008）。自1978年11月安徽省凤阳县梨园公社严岗大队小岗生产队（今小岗村）18位农民"冒天下之大不韪"地签订了一份"分田到户"合约，并在1979年10月取得农业生产的大丰收之后，家庭联产承包责任制就如同星星之

安徽小岗村大包干带头人合影

小岗村档案馆

今日小岗村小学的孩子们（陶明 摄）

火，点燃了中国亿万农民希望的火种，农业丰收从此变得不再是一个遥远的梦想。尽管当时小岗村"包产到户"的做法引起了许多争议，它也并没有为当时的政策文件和法律条文所认可，但它却真真切切地在中国广大农民的心中播下了一颗走向温饱和富裕的种子。1980年5月31日，邓小平在同中央负责工作人员谈话时，公开地肯定了小岗村的这一做法，他指出："农村政策放宽以后，一些适宜搞包产到户的地方搞了包产到户，效果很好，变化很快。安徽肥西县绝大多数生产队搞了包产到户，增产幅度很大。'凤阳花鼓'中唱的那个凤阳县，绝大多数生产队搞了大包干，也是一年翻身，改变面貌。有的同志担心，这样搞会不会影响集体经济，我看这种担心是不必要的。我们总的方向是发展集体经济。"（邓小平，1994b）1980年9月27日，中共中央印发了《关于进一步加强和完善农业生产责任制的几个问题》的通知，肯定了"包产到户"的形式。此后，家庭联产承包责任制在中国农村被迅速推广开来。1981年12月，中共中央召开全国农村工作会议，总结了全国各地农村实施家庭联产承包责任制的情况，并形成会议纪要。1982年1月1日，中共中央批转了《全国农村工作会议纪要》，这也是我国第一个关于"三农"问题的一号文件。文件肯定了"包产到户"、"包产到组"和"包干到户"等都是"社会主义集体经济的生产责任制"，这让长期以来备受争议的家庭联产承包责任制取得了合法的地位，也给广大农民吃了一颗"定心丸"。从此，中国农村的经济体制改革进入了新的历史阶段，农村和农业的发展也实现了前所未有的高速发展。1983年1月2日，中共中央发布了第二个有关"三农"

问题的一号文件——《当前农村经济政策的若干问题》，文件肯定了家庭联产承包责任制给中国农村带来的可喜变化，认为家庭联产承包责任制"是马克思主义农业合作化理论在我国实践中的新发展"，"是我国农民的伟大创造"，并强调"稳定和完善农业生产责任制"是"当前农村工作的主要任务"，认为应当对人民公社体制进行改革。1984年1月1日，中共中央发出了有关"三农问题"的第三个一号文件——《关于一九八四年农村工作的通知》，强调要继续稳定和完善家庭联产承包责任制，将土地的承包期规定为15年以上。1991年11月29日，中共十三届八中全会通过了《中共中央关于进一步加强农业和农村工作的决定》，提出："把以家庭联产承包为主的责任制、统分结合的双层经营体制，作为我国乡村集体经济组织的一项基本制度长期稳定下来，并不断充实完善。"1993年，在第一轮承包期15年届满之时，全国人大通过决议将"以家庭联产承包为主的责任制"正式写入宪法，同时开始了为期30年的第二轮承包期。

　　从2003年3月1日《中华人民共和国农村土地承包法》正式实施至今，是家庭联产承包责任制的第二阶段。这一阶段，农民不仅继续拥有集体所分土地的使用权和收益权，还获得了与之相关的转让权，这就确立了农民在农业发展过程中的主体地位，有利于农业和农村生产力的进一步发展。此后，从2004年至2015年，中共中央连续发布了12份有关"三农问题"的

《中华人民共和国农村土地承包法》的实施，对于促进农业发展，维护农村稳定，保护农民利益，具有重大意义

八　集体化运动的实践

中国乡镇企业博物馆坐落在全国首家乡镇企业——江苏省无锡市锡山区东亭街道春雷造船厂原址

一号文件。其中，2013年的一号文件中，首次提到"家庭农场"这一名词，这体现了我国农业生产将朝着规模化、集约化方向发展的趋势。的确，随着农业生产力水平和农业技术水平的提高，家庭联产承包责任制"集体所有，分户经营"的土地制度安排已经越来越受制于其小农经济的生产规模，难以适应现代农业对于先进技术和大规模设备的要求，也难以提供现代农业所需的社会化服务。因此，变革农业微观经营体制，打破小农经营的束缚，发展家庭农场，让农业生产朝着集约化、规模化的方向发展，是现代农业的主要发展方向。

5. 乡镇企业的异军突起

在体制的夹缝中成长起来的乡镇企业在农村工业化过程中的重要作用一开始并没有被充分认识和肯定，但随着它的迅速发展，以及它在吸收农村剩余劳动力就业、调整农村产业结构等方面所发挥的积极作用，人们才开始重新认识和反思中国农村的工业化道路以及乡镇企业在这个过程中所扮演的角色。

乡镇企业是从人民公社时期的社队企业发展起来的。可以说，兴起于人民公社初期的社队企业，是乡镇企业的萌芽形态。1978年党的十一届三中全会以后，乡镇企业的发展发生了历史性的转折。1979年发布的《中共中央关于加快农业发展若干问题的决定》指出："社队企业要有一个大发展。"1978—

中国乡镇企业博物馆由室内展示场馆、春雷造船厂遗址、室外景观雕塑展示场地3部分组成，展示了中国乡镇企业的发展史

1983年期间，国务院先后颁发了一系列促进乡镇企业发展的文件，制定了一系列扶持政策，乡镇企业从此迈出了快速发展的步伐。1984年3月1日，中共中央、国务院转发农牧渔业部《关于开创社队企业新局面的报告》，指出"社队企业已成为国民经济的一支重要力量"，并同意报告提出的将"社队企业"正式改名为"乡镇企业"的建议。从此，乡镇企业进入了一个全新的发展阶段。1987年6月12日，邓小平在会见外宾时谈道："我们完全没有预料到的最大的收获，就是乡镇企业发展起来了，突然冒出搞多种行业，搞商品经济，搞各种小型企业，异军突起……"1984—1988年，乡镇企业依靠自身力量，创造了全国近1/5的工业总产值。从20世纪80年代末期开始，受到当时宏观经济形势的不利影响，乡镇企业的发展遇到了瓶颈，增长速度开始明显放缓。1988—1991年，乡镇企业的发展经历了3年的瓶颈期。1991年11月29日，党的十三届八中全会通过了《中共中央关于进一步加强农业和农村工作的决定》，该决定指出："发展乡镇企业是繁荣农村经济、增加农民收入、促进农业现代化和国民经济发展的必由之路。"1992年，邓小平南方谈话对乡镇企业给予了高度评价："乡镇企业是建设有中国特色社会主义的三大优势之一"，将乡镇企业的发展推入新一轮的高潮。1997年1月1日，《中华人民共和国乡镇企业法》开始施行。将乡镇企业的存在纳入法律保护的范

在王涧村的乡镇（村办）企业里，工人们正在工作（刘 倩 摄）

围，也为乡镇企业的发展创造了良好的环境。

  但是，由于当时国内经济形势由短缺转为过剩，加上国企改革深化和东南亚经济危机的不利影响，乡镇企业的发展也出现了一些结构性的矛盾。许多原来由集体所有的乡镇企业出售或转包给个人，乡镇企业开始了大规模转制。鉴于严峻的国内外经济形势，中共十五届三中全会通过了《关于农业和农村工作若干重大问题的决定》，指出："当前乡镇企业正处于结构调整和体制创新的重要时期，各级党委和政府要站在全局和战略的高度，对乡镇企业积极扶持，合理规划，分类指导，依法管理。"在政策的积极引导下，乡镇企业的发展局面出现了一定的好转趋势。2001年中国加入世界贸易组织（WTO）后，乡镇企业面临着前所未有的挑战，它能否在激烈的市场竞争中占据一席之地，哪种形式的发展方式更加符合乡镇企业的自身特点，是否存在一种具有普遍意义的发展道路，仍是值得我们进一步追问和探究的问题。

九 从王涧村看我国社会主义新农村建设时期的乡村治理模式和集体化道路选择

（一）
"王涧村现象"

1. 王涧村的乡村治理模式——集体主义下的能人经济

王涧村的发展和兴衰与村领导的治理和经营能力息息相关，这就涉及乡村治理研究中一个绕不开的问题，即乡村精英与能人经济。乡村精英是乡村权力结构的顶层，是乡村治理的主体，也是乡镇企业的主要经营者，他们的行为方式和能力大小决定着整个乡村的命运。

以王涧村为例，该村的经济发展和村办企业的兴衰很大程度上取决于村支书和村长的发展理念与经营能力，当然也与他们的奉献精神息息相关。该村的村办企业砖厂最初是由村支书私人出资承包下来，交由集体经营，风险由村支书个人承担，利益由集体共享。可以说，这是一种非常特殊的模式，我们暂且称之为"集体主义下的能人经济"治理模式，这种模式得以存在和持续与村党支部书记的奉献精神和带领大家致富的强烈愿景分不开。

王涧村的能人——村党支部书记鱼学理（刘倩 摄）

王涧村村委会主任选举票数公示榜（刘倩 摄）

这种模式在古往今来乡村发展的历史中并不罕见，这种现象在农村发展模式中也具有一定的普遍性。然而，这种治理模式的可持续性却让人担忧。一旦能人老去或者由于不可抗力的因素无法继续履行职责，村庄里是否会有另外一个能人来接替他的位置，新上任的能人其能力如何，是否仍然具有奉献精神？在集体主义下的能人经济治理模式中，这些问题对于一个村庄的发展至关重要，而往往只要其中一个因素不能得到保证，这个村庄就很可能走向衰落。因此，如何实现从能人经济向制度经济的过渡，也是值得学者们深思的一个问题。并且，这绝不仅仅只是王涧村这个陕西南部的小村落独自面临的问题，而是中国内陆千千万万个村落在乡村治理和村庄发展过程中都出现过和面临着的问题。华西村的吴仁宝、南街村的王宏斌、大寨村的郭凤莲，他们都曾经是这些村庄的旗帜和灵魂，是乡村精英，是村里的能人。然而，随着他们日渐老去，甚至离世，他们所在的村庄是否能够依然像以前一样蓬勃发展，要如何才能让发展一如既往地持续下去，是一个值得我们继续追问的问题。

2. 王涧村集体化道路的特点——再集体化道路

笔者认为，王涧村的发展道路与前面所论述的新集体主义道路和后集体主义道路略有不同，它不像前两者从最初就明确地选定一种发展模式，而是经历了集体化、个体承包经营和再集体化的发展过程。我们可从村支书对该村发展历程的介绍中梳理出它的发展路径：在改革开放之前，该村实行的是计划经济之下的传统集体主义，奉行"三级所有，队为基础"的组织模式，这与新集体主义道路和后集体主义道路的发展起点是相同的。改革开放初期，为响应政府号召，该村开始从传统集体主义向实行个体承包经营过渡，后发展到个体联户经营，实现了从传统集体主义向个体承包经营的转变。由于承包经营效益不佳，村干部决定学习华西村和南街村的发展模式，从1999年开始，全村再次动用集体的力量发展村办企业，走上了一条"再集体主义"的发展道路。值得注意的是，王涧村的发展道路具有其自身的特殊性，例如，该村的再集体化得以成功实现和顺利发展很大程度上要归功于村党支部鱼书记的奉献精神和经营能力，如果当年村支书没有放下私利为村民谋福利的公仆之心、勇于承担经营风险的胆识与魄力以及卓越的经营能力，王涧村的村办企业很难如此迅速地发展到今天的规模。从这个角度看，虽然王涧村的发展道路是否具有可持续性和可复制性目前难以给出定论，但它至少说明了中国农村的发展模式存在第三条道路的可能性，这种可能的发展路径是：从传统的集体主义走向个体承包经营道路，然后从个体承包经营再次走上集体化道路，最后通过再集体化发展道路把村庄建设成为"生产发展、生活宽裕、乡风文明、村容整洁、管理民主"的社会主义新农村。

　　需要说明的是，王涧村的再集体主义在土地政策上并不像

王涧村村舍一瞥（罗　鸿　摄）

华西村那样从一开始就坚持"不分田"。在土地政策方面，该村仍然坚持改革开放之初的家庭联产承包责任制，其再集体主义的特点主要体现在第二产业的发展上，即凭借集体的力量来发展村办企业。从这个意义上说，它的集体主义贯彻得并不彻底，而是兼备新集体主义与后集体主义的双重特征，即在农业方面，实行新集体主义所奉行的家庭联产承包责任制；在工业方面，走后集体主义所提倡的用集体的力量来发展企业；但这种不彻底却无伤大雅，不会影响到其集体主义的主体地位，因为在这个村，来自农业的收入比重已远远不及来自工业的收入比重。我们的调查数据显示，在工业化和城镇化的浪潮中，该村的大多数青壮年劳动力都加入到了第二产业的队伍之中，他们有的在村里的村办企业打工，有的则在商州区或西安市的工厂或企业打工，有的甚至去了省外谋生。总之，以农业为家庭主要收入的农户比例已非常低。通过实地调研，我们发现，2011年全村种植业户均收入仅占全村总体户均收入的3.2%；在19个抽样农户中，一年中从事农业活动的时间仅为3.21个月，而从事非农活动的时间达到了8.14个月（表2）。因此，该村再集体主义道路的主体地位并没有因为土地的家庭联产承包责任制而受到影响。以王涧村的发展历程为例，我们暂且把这种发展道路称之为中国农村发展模式的"再集体化"，用来代表那些自然资源匮乏、土地贫瘠的中国内陆村庄发展模式的一种可行道路选择。相比华西村、南街村和东部沿海地区经济比

王涧村的老土房（刘　倩　摄）

较发达的村庄，王涧村的集体化发展路径对于内陆地区广大的农村更加具有代表性和可复制性。毕竟，不是所有村庄都存在像吴仁宝、王宏斌这样的能人，也并非所有村庄都像沿海地区的村庄那样具备发达的经济实力和良好的发展环境，因此，它们很难从改革开放伊始就找到适合自己的发展模式，可能会经历更多的曲折与探索。

（二）王涧村乡村治理模式和集体化道路选择所面临的问题

1. 王涧村乡村治理模式所面临的问题

笔者将王涧村的乡村治理模式概括为集体主义下的能人经济模式。村庄的大小决定都依赖于村支书强有力的领导，村党支部鱼书记就是村里的权威和灵魂，他作的任何决定都是不容置疑的。这在我们调研的过程中深有体会，当我们表明需要对全村农户进行挨家挨户的问卷调查时，村支书只花费了短短几个小时就将村里所有农户接受访问的时间安排得井井有条，并通知他们每户人家按照规定的时间派1名代表前来村党员活动

一些富裕的村民已经购置了小汽车 （刘倩 摄）

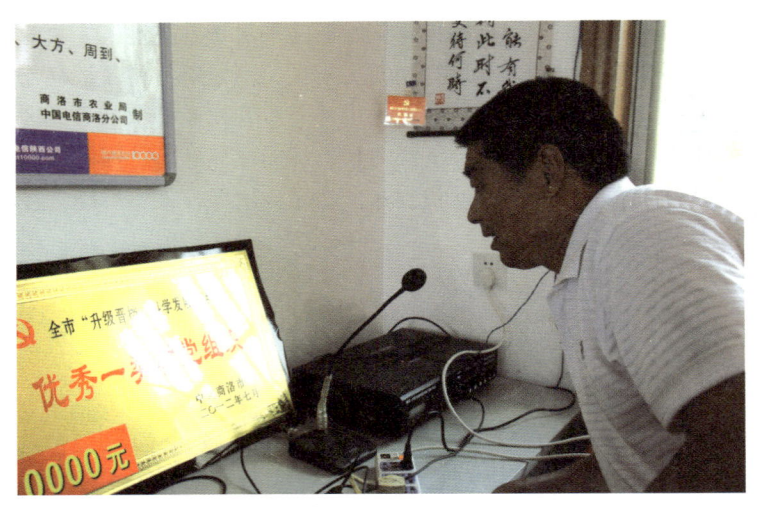

村支书广播通知村民前来参加问卷调查（刘 倩 摄）

室接受问卷调查。这大大提高了访谈效率，节约了时间成本，也让我们切身感受和见识了村支书在该村的号召力和影响力。

当然，和许多集体主义治理模式下的村庄一样，这种乡村治理模式面临着许多问题，其中最大的问题是其发展的可持续性，也就是乡村精英的接班人问题。由于村庄的发展对乡村精英个体的依赖性过强，乡村精英对村庄的一切事物具有绝对的支配力与权威性，过于集中的权力并不利于村庄民主的实现和村庄长期的制度建设。缺乏制度保障的乡村治理模式不利于村庄的长期发展，并且容易滋生个人崇拜、官商勾结、官官相护、贪污腐败等一系列问题。对乡村精英的个人崇拜以及乡村精英为村集体和村民带来的经济上的福利，可能会导致村民逐渐丧失民主意识，使民主决策流于形式，这也不利于村庄的长期发展和制度化建设。

2. 王涧村集体化道路所面临的问题

王涧村集体化道路的现状是，在农业方面，还处于新集体化道路的阶段，即实行集体所有、分户经营的家庭联产承包责任制；在工业方面，已从个体承包经营的新集体主义模式发展为依靠集体的力量进行经营的再集体主义阶段，集体化的程度较高。这种模式实行的10多年来，也暴露出了一些问题，其

村民翻阅胡必亮1993年在该村调研后出版的书（刘 倩 摄）

中最大的问题是工业与农业发展的不协调：工业发展速度较快，而农业由于利润空间小，地块过于细碎，农业技术水平落后，已经基本处于停滞不前的状态。

我们的实地调研发现，2011年王涧村全村农户的户均收入中，来自工业的工资性收入的比例已经达到64.7%，来自农业的家庭经营收入的比例仅占19.9%（表5、图2）。据村民们的述说，他们绝大多数人都倾向于把地转包给别人耕种，或者由家里尚有劳动能力的老人或妇女耕种，家里的青壮年劳动力则依靠外出打工来补贴家用，因为外出打工获得的收入远比在家从事农业劳动所得的收入丰厚。有些农户只在自己的自留地前种一些蔬菜水果供自家食用，有的甚至干脆把土地转赠或低价转租给亲戚，全家搬到商州区打工谋生。可以看出，村民们普遍认为农业致富的发展前景不容乐观，也都没有积极性去尝试走农业致富的发展道路，一些年富力强的青壮年劳动力纷纷外出投身于工业化和城镇化的浪潮，而留守村里的劳动力绝大多数为老年人与妇女，这就使得该村的农业劳动力呈现出老龄化与低技能化趋势，这样的劳动力结构显然不利于该村农业生产和农业经营向规模化与集约化方向发展。可以预见，如果这种农业劳动力结构得不到改善，该村粗放型的农业发展方式也难以得到有效改善，王涧村工农业发展不协调的问题很可能只会进一步恶化。另一个与此相关的问题是，土地的细分化程度过高，分户经营的小农经济制约了现代化的大型机械在农业生产中的推广与使用，不利于大型水利、灌溉设施的引进和应用，难以发挥规模经济的效应，这阻碍了农业现代化的进一步实现和发展。同时，由于经营主体分散、农户的组织化程度低，抵御市场风险的能力和发展潜力不足，市场竞争力较弱，也制约了农户对于先进技术的引进和采用，这其实也是中国广大内陆地区实行家庭联产承包责任制后农村普遍面临的问题。

（三）政策建议

针对王涧村目前所面临的问题，笔者从乡村治理模式的完善和集体化道路的进一步发展两大方面来总结这些问题带来的政策启示。

1. 乡村治理模式的完善

可以从以下三个方面来完善现阶段王涧村集体主义下的能人经济这一乡村治理模式。第一，加强制度建设，完善选举机制。让集体主义下的能人经济治理模式逐渐向制度化的治理模式转化，可以通过这种方式尝试解决乡村精英的接班人问题。

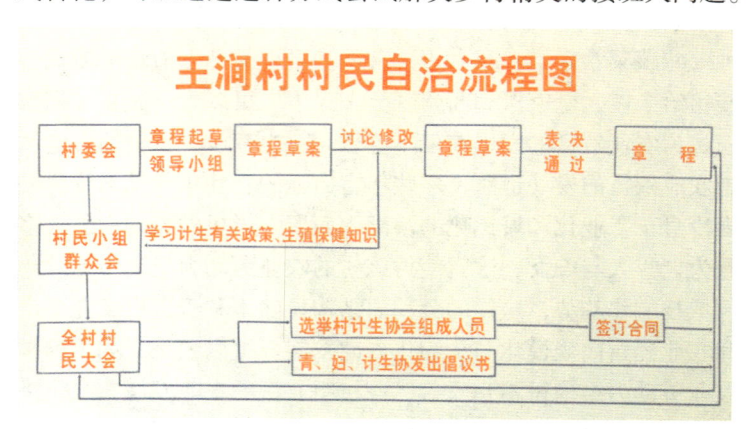

王涧村的各项制度正在逐渐完善（刘倩 摄）

有了制度作为保障，村庄的各项事务不以个人的意志和决定为转移，因此，无论接班人是谁，村庄都能实现领导权的平稳交接和经济社会健康持续的发展。第二，强化人才培养机制，加强领导班子梯队建设，让年轻的后起之秀得到培养和锻炼的机会，为村干部的后备队伍输送新鲜的血液和人才，实现领导班子的新旧更替。第三，完善监督机制，培养村民的民主意识，将村民自治真正落到实处。这不仅能够调动村民的政治参与热情，也是对村干部的有力监督。

2. 集体化道路的进一步发展

王涧村现在所面临的迫切问题是工农业发展不协调，土地细分化程度过高。针对王涧村的这一问题，笔者认为，可以通过进一步加速土地经营权有序流转的方式加以解决，一些不愿意从事农业生产的农户可将自己承包的细碎的地块转包给那些具有丰富农业生产经验和较强农业经营能力的专业大户，以助农业生产的集约化和机械化，这样不仅能够优化土地资源的配置，也能够通过引进和应用先进技术提高农业的生产效率。因此，需要重新整合地权，加快土地的流转经营，将土地流转给那些懂技术、会管理、善于经营的专业大户；同时需要上级政府提供必要的资金和政策支持以及相关的配套服务，为家庭农场的建立和发展创造良好的政策和市场环境。在2013年的一

加速土地向专业大户、农民合作社的流转是解决王涧村当前工农业发展不协调的手段之一（刘倩 摄）

九 从王涧村看我国社会主义新农村建设时期的乡村治理模式和集体化道路选择

家庭农场,来源于欧美,是以家庭成员为主要劳动力,以农业收入为主要收入的新型农业经营主体。据农业部统计,截至2012年底,我国已有超过87万户的各类家庭农场,经营耕地面积达到1.76亿亩,占全国承包耕地总面积的13.4%,其中,经农业部门认定的家庭农场超过34万户,平均经营规模达到170亩左右。在我国众多的家庭农场中,种植业农场成为家庭农场的主体

号文件《中共中央 国务院关于加快发展现代农业 进一步增强农村发展活力的若干意见》中,首次提到要发展"家庭农场",要"鼓励和支持承包土地向专业大户、家庭农场、农民合作社流转";在2017年的一号文件《中共中央 国务院关于深入推进农业供给侧结构性改革 加快培育农业农村发展新动能的若干意见》中,又提出"完善家庭农场认定办法,扶持规模适度的家庭农场"。实际上,在我国东部沿海地区的一些农村,家庭农场已经成为充分利用和合理配置农业资源、提高农业集约化经营水平的重要途径。在我国经济面临刘易斯拐点之际,家庭农场的建立有利于在农业中实现资本对劳动的替代,有利于实现农业的规模经济和提高农业生产力水平,有利于从农业中转移部分剩余劳动力至工业和服务业中去以缓解城市的"用工荒"现象,有利于工农业的进一步协调发展,也能加快我国农业现代化的发展进程。或许在不久的将来,家庭农场的发展将逐渐取代家庭联产承包责任制的分户经营体制,成为我国实现农业现代化以后的主要经营形式。

十 结 语

　　进入21世纪以来，伴随着中国经济的快速发展和工业实力的日益雄厚，中国已进入工业反哺农业的发展阶段。无论是从国际经验还是从经济发展水平来看，中国都应当且已经具备用工业反哺农业的实力。党中央审时度势，在中共十六届五中全会上提出了建设社会主义新农村的伟大历史任务。

　　怎样组织农民因地制宜地建设好自己美丽的村庄，各地都在探索，出现了一些不同类型的乡村治理模式。根据我们多年的追踪调查，我们认为王涧村这个位于我国中部内陆地区的小村庄其发展之路和治理模式比较有代表性。王涧村在近20年的发展历程中积极探索和创新发展模式，在村干部的带领下利用村集体资源发展村办企业，在摸索中实践了村庄的再集体化道路。目前，该村的主要村办企业已实现向新型节能环保型企业的转型，并成功带动了本村经济发展和产业结构的转型升级，也为本村创造了不少非农就业机会，让一些村民成功地实现了就地非农化。如果该村的发展模式能够为中国内陆地区的其他村庄所借鉴和发展，那么再集体化道路可望成为中国村庄发展的又一新模式。

　　根据国际和国内的发展经验，集体化道路的实践模式有多种形式，包括新集体主义、后集体主义、再集体主义，等等，各种模式具有不同的特点和发展路径。王涧村的集体化道路是再集体化模式的典型代表。改革开放后，它先后经历了传统集体化、个体承包经营和再集体化的发展过程。这一发展历程有其自身的特殊性，因为再集体化道路的成功与否与村支书的个人能力和奉献精神密不可分。从这个角度来看，王涧村的再集体化道路是否具有可持续性与可复制性目前尚难以给出定论，这也是当前中国村庄治理研究中面临的共同问题。从这个意义上说，王涧村目前面临的最为迫切的问题是转化治理模式，让集体主义下的能人经济治理模式逐渐向制度化的治理模式转变，用制度作为村庄领导权力平稳交接和经济社会持续发展的有力保障。王涧村的发展还在继续，我们的探索仍在路上。

参考文献

★ 埃利亚斯 N. 2003. 个体的社会[M]. 翟三江, 陆兴华, 译.南京：译林出版社.40.

★ 薄一波. 1991. 若干重大决策与事件的回顾：上卷 [M]. 北京：中共中央党校出版社. 22, 213, 220–221.

★ 辞海编辑委员会.1999.辞海：1999年版普及本[M].上海：上海辞书出版社.5690.

★ 邓小平.1994a.怎样恢复农业生产[M]// 邓小平.邓小平文选：第1卷.2版.北京：人民出版社. 324.

★ 邓小平.1994b. 关于农村政策问题[M]// 邓小平.邓小平文选：第2卷. 2版.北京：人民出版社. 315–317.

★ 恩格斯.1972.法德农民问题[M]//马克思，恩格斯.马克思恩格斯选集：第4卷. 中共中央马克思、恩格斯、列宁、斯大林著作编译局，编译.北京：人民出版社.310.

★ 恩格斯.1974. 致奥古斯特·倍倍尔（1886年1月20—23日）[M]//马克思，恩格斯.马克思恩格斯全集：第36卷[M]. 中共中央马克思、恩格斯、列宁、斯大林著作编译局，编译.北京：人民出版社.416.

★ 胡必亮. 1996. 中国村落的制度变迁与权力分配：陕西省商州市王涧村调查[M]. 太原：山西经济出版社.116,120,122.

★ 黄鹏进. 2012. 新集体主义、后集体主义:农民组织化路径之辩[J]. 社会科学论坛，(10)：175–184.

★ 库兹涅茨 S. 2005. 各国的经济增长 [M]. 常勋，等译. 北京：商务印书馆. 389–392.

★ 拉法格. 1985. 集体主义——共产主义[M] //拉法格.拉法格文选：上卷.中共中央马克思、恩格斯、列宁、斯大林著作编译局国际共运史研究室，编.北京：人民出版社.263.

★ 冷溶，汪作玲，主编.2007.邓小平年谱：1975—1997 下 [M]. 中共中央文献研究室，编.北京：中央文献出版社. 1310–1311, 1349.

★ 列宁.1985.列宁全集：第29卷. 中共中央马克思、恩格斯、列宁、斯大林著作编译局，编译.北京：人民出版社.

★ 列宁.1986a . 在俄共（布）党团会议讨论人民委员会《关于加强和发展农民农业经济的措施》法案时的讲话[M]// 列宁.列宁全集：第40卷. 中共中央马克思、恩格斯、列宁、斯大林著作编译局，编译.北京：人民出版社. 177.

★ 列宁.1986b. 论粮食税、贸易自由、租让制[M]//列宁.列宁全集：第41卷.中共中央马克思、恩格斯、列宁、斯大林著作编译局，编译. 2版.北京：人民出版社.215.

★ 列宁.1987a. 新经济政策和政治教育委员会的任务[M]//列宁.列宁全集：第42卷. 中共中央马克思、恩格斯、列宁、斯大林著作编译局，编译.北京：人民出版社.182.

★ 列宁.1987b. 论合作社[M]//列宁.列宁全集：第43卷. 中共中央马克思、恩格斯、列宁、斯大林著作编译局，编译.北京：人民出版社. 364.

★ 刘秉龙. 2006. 中国合作经济研究[D]. 北京：中央民族大学经济学院.

★ 刘海藩，主编. 2005. 历史的丰碑:中华人民共和国国史全鉴 经济卷 [M]// 中共中央党校理论研究室，编.北京：中央文献出版社. 75.

★ 吕卉. 2010. 苏联农业集体化运动研究：1927—1939 [D]. 吉林大学东北亚研究院.

★ 马克思. 1964.巴枯宁《国家制度和无政府状态》一书摘要[M]//马克思，恩格斯.马克思恩格斯全集：第18卷[M]. 中共中央马克思、恩格斯、列宁、斯大林著作编译局，编译. 北京：人民出版社. 695.

★ 马克思. 1995.关于费尔巴哈的提纲 [M]//马克思，恩格斯. 马克思恩格斯选集：第1卷[M]. 中共中央马克思、恩格斯、列宁、斯大林著作编译局，编译.2版.北京：人民出版社.60.

★ 马赛. 2007. 列宁的合作社思想与中国农业的"两个飞跃"[D]. 中南大学政治学与行政管理学院.

★ 毛泽东.1964.毛泽东选集：合订一卷本[M].中共中央毛泽东选集出版委员会，辑.北京：人民出版社. 885, 1322, 1323.

★ 毛泽东.1971.论合作社[M] //竹内实，主编.毛泽东文献资料研究会编集.毛泽东集：第9卷. 东京：北望社.75–78.

★ 毛泽东.1977.把农业互助合作当作一件大事去做 [M]/ 毛泽东.毛泽东选集：第5卷. 北京：人民出版社. 59.

★ 毛泽东.1986.中共中央关于进一步巩固人民公社集体经济、发展农业生产的决定[M]// 毛泽东.毛泽东著作选读：下册. 中共中央文献编辑委员会，编.北京：人民出版社.628–629.

★ 毛泽东.1990.对中央关于统购粮食的宣传要点稿的修改[M]// 毛泽东.建国以来毛泽东文稿：第4册 1953.1—1954.12.北京：中央文献出版社. 380–381.

★ 毛泽东.1991a.湖南农民运动考察报告[M]//毛泽东.毛泽东选集：第1卷.2版.北京：人民出版社.40.

★ 毛泽东.1991b.组织起来[M]// 毛泽东.毛泽东选集：第3卷.2版. 北京：人民出版社. 931.

★ 毛泽东.1993.国民革命与农民运动 [M]// 毛泽东.毛泽东文集：第1卷. 中共中央文献研究室，编.北京：人民出版社. 37–41.

★ 毛泽东.1999.关于农业合作化问题 [M]// 毛泽东.毛泽东文集：第6卷. 中共中央文献研究室，编. 北京：人民出版社. 432.

★ 斯大林.1979.在粮食战线上[M]//斯大林.斯大林选集：下卷. 中共中央马克思、恩格斯、列宁、斯大林著作编译局，编.北京：人民出版社.47.

★ 宋彦强. 2012. 农业合作化运动的政策变迁及农民心理研究[D]. 福建师范大学公共管理学院.

★ 王春良. 2000. 论对苏联农业全盘集体化运动的评价：兼评《世界史·现代史编》一个问题的写法[J].山东师大学报：社会科学版，(1)（总168）：32–37.

★ 王颖. 1996. 新集体主义：乡村社会的再组织[M]. 北京：经济管理出版社.

★ 夏伟东. 1994. 集体主义：社会主义道德的基本原则[J].教学与研究，(3)：41-45.

★ 许庆. 2008. 家庭联产承包责任制的变迁、特点及改革方向[J].世界经济文汇，(1)：93-100.

★ 余永龙, 主编. 1998. 农民合作协会：宁津农业产业化组织[M]. 北京：金城出版社. 217.

★ 章前明. 1995. 1928年苏联粮食收购危机的直接原因：兼论斯大林的农业集体化理论[J]. 浙江大学学报：社会科学版，(1)：97-102.

★ 中国大百科全书出版社《简明不列颠百科全书》编辑部, 译编. 1985. 简明不列颠百科全书：第4卷[M]. 北京：中国大百科全书出版社.216.

★ 中国科学院经济研究所农业经济组.1957.国民经济恢复时期农业生产合作资料汇编：1949—1952 上册 [G]. 北京：科学出版社. 17-26.

★ 中国社会科学院经济研究所中国现代经济史组. 1981. 第一、二次国内革命战争时期土地斗争史料选编[M]. 北京：人民出版社. 461.

★ 中国社会科学院语言研究所词典编辑室. 2012. 现代汉语词典：第6版[M].北京：商务印书馆. 608.

★ 中华人民共和国国家农业委员会办公厅. 1981. 农业集体化重要文件汇编：1949—1981 上 [G]. 北京：中共中央党校出版社.37，215，277，449.

★ 中央档案馆. 1989. 中共中央文件选集：第3册 1927[G]. 北京：中共中央党校出版社.178-194.

★ 周怡. 2006. 中华第一村：华西村转型经济中的后集体主义[M]. 香港：牛津大学出版社（中国）有限公司.

★ Weber M. 1999. Essays in economic sociology [M]. Richard Swedberg, ed. New Jersey: Princeton University Press.